心心

思想としての
インド仏教

中道を生きる

中観

KEIRA Ryusei

計良龍成

春　秋　社

はしがき

本書は、思想史研究の立場から、インド大乗仏教の中観《ちゅうがん》思想について概説するものである。一般読者をも対象とした中観思想の入門書となり得るように、説明の仕方等にある程度配慮したつもりではあるが、本書は、インド仏教について全く何の知識も持たない初学者向けの入門書というわけではない。それは、本書の内容が単に一般的・皮相的なものに留まることなく、むしろ可能な限り中観思想の本質・核心に触れる、深い内容となることを目指したからである。大学の基礎教養科目で、あるいは独学ででも、世界の宗教や哲学等をある程度学んだ方であるならば、本書の内容を十分理解できるだろうと思う。

「中観思想」とは、中道《ちゅうどう》を観《み》る思想、つまり中道思想である。その「中道」とは、初期仏教経典で既に説かれているところの「非有非無《ひうひむ》の中道」、即ち「存在する」と考えて有に対して固執することと「存在しない」と考えて無に対して固執することという、それら二つを極端・誤りと見なし、誤りであるそれら二極端から離れたところの「中」としての道である。その二極端から離れた中道を、中道それ自体にも固執すること無く、観て理解し、最終的に自分も一人の仏陀となることを目指して、その中道をどこまでも実践して生きて行くことを説くのが中観思想である。

「非有非無の中道」の教えは初期仏教で既に説かれているが、「中観(madhyamaka)思想」という語が通常指示するのは、大乗仏教の初の論師と考えられるナーガールジュナ(Nāgārjuna 龍樹《りゅうじゅ》、一五〇〜二五〇頃)の著書『中論』(『中論頌《じゅ》』*Mūlamadhyamakakārikā*)において確立された思想、そしてその思想の流れをくみ、ナーガールジュナを祖とする学派である中観派(Mādhyamika)の思想である。ナーガールジュナは、空《くう》思想で知られる般若《はんにゃ》経典(初期の八千頌系般若経典)の思想を、論師の立場から根拠付けた人物と見なされる。ゆえに、彼から始まる中観思想は、空思想の根拠付けを緻密に論じ、それが中観思想の本体主要部分を構成している。

このことから、従来の中観思想の概説書・入門書は、一般に、空思想の根拠付け、空思想の論述・論証方法、それらの歴史的展開を中心に取り上げるものが多かったと思われる。空思想の根拠付けや空性論証などは、中観思想の本体主要部分を構成するのであるから、それらを知ることは重要であり、またその空思想の根拠付けや空性の論述・論証方法を中心に中観思想の歴史的展開を知ることも間違いなく重要である。しかしながら、先に述べたように、中観思想は、中道を観てそれを実践し生きることを説く思想である。ゆえに、中道とは何か、中道を観て中道を生きるとはどのようなことかを深く論じなければ、本当の意味で中観思想を扱ったことにはならないと考えられる。

そこで、本書は、インド大乗仏教の中観思想の歴史的展開を概説するが、空思想の根拠付けやそれの論述・論証方法等だけでなく、中観思想が説く中道思想を扱い、それを可能な限り明らかにすることを目指すこととした。そしてその目的を達成するために、本書の内容を、序論の後、次のような二部構成とすることにした。

序論　中観思想を理解するための予備知識
第一部　中観思想史（インド大乗仏教における中観思想展開史）
第二部　中道思想としての中観思想

中観思想史研究はここ数十年で目覚ましく進展し、これまであまり明らかではなかったインド後期中観思想についても多くのことが解明され、その思想体系の骨格・全体像については、大方が明らかになったと思われる。ゆえに、近年の研究成果に基づき、「中道とは何か」「中道を観てそれを実践し生きるとはどのようなことか」「中観思想は私たちにどのように生きることを説いているのか」等という問題についてより深く考え、少なくとも思想史研究の立場から、まず、それらの問題の答えを明らかにすることは、この先、中観思想・中道思想の意義・価値を研究していく上で、必要なことであろう。

中観思想が説く中道思想というのは、世界思想史の立場から見ると、西洋の哲学思想を含めた他の思想には余り（いや、ほとんど）見られない思想であろうと思われる。また他方、本書を読み進めていけば理解していただけると思うが、中観思想が説く「縁起《えんぎ》」の思想は、縁起をこの世界を貫く原理と理解するならば、それは、人々の苦しみ・憎しみ・汚れた欲望等からの解放・安穏なる涅槃《ねはん》・幸福や、一切の生きとし生けるものの真の平等性等を、啓示宗教が説くような創造神・絶対神の考えには依拠せず、また現実から乖離した天界や死後の世界等においてではなく、私たちが生きるこの現世に、その「縁起」という原理を観ることから、それらを説き示す思想である。

中道思想や縁起思想をそのように見るならば、今、中観思想を学び知ることは、西洋中心の価値観に慣れ親しんで生きている私たち現代人にとって、また、排他的・差別的・自己中心的で、他者に対して自分（たち）の優位性や正当性を、何らかの手段でもって示そうとばかりする極めて不安定なこの世界に生きる私たちにとって、「生きるとは何か」という問いについて改めて考える善き機会になるであろう。中観思想を正しく深く理解するのは容易なことではないけれども、そうすることを目指して下さる読者の方々に、本書が、右の問いに関して、何か新たな発見・有益な気付きをもたらすことができたならば、幸いである。

二〇二三年三月二八日

計良　龍成

シリーズ思想としてのインド仏教

中道を生きる　中観　目次

第二部　中道思想としての中観思想

シリーズ思想としてのインド仏教

中道を生きる　中観

序論　中観思想を理解するための予備知識

一　縁起・此縁性

縁起《えんぎ》（pratītyasamutpāda）説は、中観思想にとって、仏陀の教説中、最も重要なものと言えるだろう。縁起とは、「（物事が原因に）依拠して（pratītya 縁《よ》って）生起する（samutpāda）」というほどの意味である。原因に依拠して結果が生じるのだから、縁起は、一般的に言うならば、「物事の因果性」として理解することができる。また、仏教の旗印となる三つの教え（三法印《さんぼういん》）の一つである「諸《しょ》行無常《ぎょうむじょう》」（「原因によって形成された事物、つまり縁起する事物はすべて無常である」という教え）からすれば、縁起は、事物の無常性の根拠あるいは事物の生成変化の原理として理解することもできるであろう。しかし、それらが縁起説のすべてではない。少なくとも、中観思想は縁起を空性《くうしょう》と捉えるのだから、そう言えるだろう。だが、このことの説明は後に回す。本書を読み進めて行けば、読者はそれを理解するであろう。

縁起説は仏陀の教説である。仏陀は縁起を悟ったと言うことも可能かもしれない。しかし、仏陀は、この縁起それ自体を自ら創り出したわけではない。初期経典（アーガマ）中の「縁」(paccaya) 経では、「如来《にょらい》（仏陀）が生まれようと生まれまいと、この〔縁起の〕道理（dhātu 界）は定まっており、……」と説かれている[1]。特に、縁起を理法・道理として捉える大乗仏教の立場からすれば、仏陀は、その縁起という道理を明瞭に知り理解して、それを人に説き教えたのであるが、仏陀は自ら縁起という理法・道理それ自体を創り出したわけではない。縁起は、仏陀がこの世に生まれようと生まれまいと、我々が縁起を認識しようとしまいと、それとは関わりなく、客観的に成立し定まっている理法・道理である。

仏陀が実際に教示したところの縁起は、最古の経典の一つと見なされる『スッタニパータ』や他の初期文献を見ると、初めは様々な形式で説かれたようである。しかし、最終的には一二の項目（支分）からなる縁起、即ち「十二支縁起」が教説として定着し、後代に受け継がれて行ったと考えられる。十二支縁起説の詳細

【1】パーリ『相応部』第一二「因縁相応」第二〇章。トルファン出土サンスクリット版も見よ。斎藤（2011: 6-9）。また、『雑阿含経』第二九九経（大正2, 85b24-25）も見よ：「仏告比丘。縁起法者。非我所作。亦非余人作」。

な説明はここでは省くが、それは、まず、次のような仕方で、我々の現実の苦は、我々の生を汚し迷わす最大の原因としての「無明《むみょう》」（無知）から順々・連鎖的に起こってきたところの結果であることを説いている。

無明《むみょう》→行《ぎょう》→識《しき》→名色《みょうしき》→六入《ろくにゅう》→触《そく》→受《じゅ》→愛《あい》→取《しゅ》→有《う》→生《しょう》→老《ろう》・死《し》（・愁《しゅう》・悲《ひ》・苦《く》・憂《う》・悩《のう》）

　第一支分の無明を原因として、それから、第二支分の「行」（無明の影響を受けた潜在的形成力・業《ごう》）が生じ、そして第二支分の行を原因として第三の支分である「識《しき》」（認識・こころ）が生じる、とこのような仕方・順序で、第一二の支分「老・死（・愁・悲・苦・憂・悩）」（＝現実の苦一切）までがそれぞれ直前の支分を原因として連鎖的に生じて来ること、即ち、無明を原因・根源として我々の現実の苦一切が成立して来ることを、十二支縁起（の順観・流転《るてん》門）は説いているのである。（十二支縁起の逆観・還滅《げんめつ》門の説明は省略する。【2】）

　十二支縁起の第二以降の支分は、それぞれその直前の支分を原因として生じることから、やがて縁起について、「これあるときかれあり、これ生ずるがゆえにかれ生ず……」という定型句が作られ、そしてその定型句の説く内容が「此縁《しえん》性《しょう》」（idampratyayatā これを縁《えん》（原因）とすること）という語によって表されるよ

【2】→【後註1】参照。

うになった。

中期中観思想に位置付けられるバーヴィヴェーカ（Bhāviveka 清弁《しょうべん》、四九〇〜五七〇頃）は、『中論』に対する彼の註釈書『般若灯論《はんにゃとうろん》』（*Prajñāpradīpa*）D46b2-4において、ヴァスバンドゥ（Vasubandhu 世親《せしん》、四〇〇〜四八〇頃）著『倶舎《くしゃ》論』（*Abhidharmakośa*）の中で論じられる「縁起」の語義解釈と類似した議論に言及し、「これあるときかれあり、これ生ずるがゆえにかれ生ず」という此縁性の意味が「縁起」の意味であると述べている。【3】『般若灯論』D106b5-6では、此縁性は、日常世界・世間一般（世俗）のレベルで説明された縁起の意味であり、究極的・最高の真実（勝義《しょうぎ》）のレベルで説かれたことではないとされるが、此縁性のより詳しい意味や解釈は、彼の著作中には見られないようである。

バーヴィヴェーカの後、「縁起論者」と自称したチャンドラキールティ（Candrakīrti 月称《げっしょう》、六〇〇〜六五〇頃）【4】は、此縁性を「これに依拠して（縁って）かれが生じる」という縁起の定型句と同様の意味として解釈し、此縁性は世俗の縁起であり、ありのままの世俗・世間的な真実を表すものと考えているようである。此縁性を世俗の縁起と見なす点では、彼の考えは、バーヴィヴェーカの考えと共通しているように見える。しかし、チャンドラキールティは、此縁性を、

【3】江島（1985: 140–143）参照。

【4】チャンドラキールティの生存年代には異説もある。第二章註【6】を見よ。

「これ（原因）に縁ってかれ（結果）が生じる」という場合の原因や結果という縁起する事物について、「それらは固有の特徴（svalakṣaṇa 自相《じそう》）を持って成立している」と見る凡愚なる一般人の知と関係させて説き、さらに彼は、「此縁性ただそのことのみ」（idaṃpratyayatāmātra 唯此縁性《ゆいしえんしょう》）という語を用いて、原因や結果という縁起する事物について、「それらは固有の特徴をもって成立している」とは見ない聖者たちの知に関係する縁起（有無等二極端の分別・悪見解を断つ、不生不滅の縁起）を説いていくので、両者の考えは同じとは言えない。チャンドラキールティの「唯此縁性」の考えは興味深いのだが、これ以上の深い説明は割愛する。【5】

此縁性という縁起それ自体の意味のより発展的な説明・解釈が見られるのは、後期中観思想のシャーンタラクシタ（Śāntarakṣita 寂護《じゅくご》、七二五〜七八八頃）の著作『真実綱要』（*Tattvasaṃgraha*）とカマラシーラ（Kamalaśīla 蓮華戒《れんげかい》、七四〇〜七九五頃）の註釈書『真実綱要細疏《さいそ》』（*Tattvasaṃgrahapañjikā*）、そして後者の『中観光明論』（*Madhyamakāloka*）等の著作においてである。『真実綱要』と『真実綱要細疏』が示す此縁性解釈を見る前に、その解釈の前提となる有為《うい》のダルマ（有為法）の瞬間性（刹那《せつな》性）の理論について、次に簡略に説明しておこう。

【5】「唯此縁性」については、新作（2020）を見よ。また、チャンドラキールティによる「縁起」という語についての語源学的解釈については、江島（1985: 144–149）、丹治（1988: 3–7）そしてMACDONALD（2015b: 18–39）を見よ。

有為法の瞬間性の理論

有為法の瞬間性の理論は、有為法、即ち原因によって形成された事物、つまり縁起する事物が共通に持つ性質として、説一切有部《せついっさいうぶ》や経量部《きょうりょうぶ》等の部派（思想派閥）によって説かれた理論である。インド仏教史では、仏陀が亡くなり一〇〇～二〇〇年経った頃から、仏陀の教説の解釈を巡って、様々な思想派閥が登場してくる。その思想派閥が部派である。仏教教団はその結果として分裂したというわけではないようだが、教団運営上の制度として、教理解釈・思想の多様化を認めたのである[6]。有為法の瞬間性の理論は、仏陀が説いた「諸行無常」という教えの解釈と言える。大雑把な説明となるが、その理論を説く部派は、諸行無常の教えを次のように解釈したのである。原因によって形成される結果としての有為法は、原因の力に縁って、現在の一瞬間のみ生起・出現し、次の瞬間には消滅するという瞬間的なあり方のものである。たとえば、同一の事物が変わらずに存続しているように見えても、実際は、一瞬一瞬に同類の別の有為法が次々と生起し、少しずつ変化しているのである。このことが仏陀の諸行無常の教えの意味である。

有為法の共通性質としての瞬間性は諸部派によって主張されたが、有為法それ自体の存在性やその瞬間的なあり方についての諸部派の見解は一致しているわけ

【6】佐々木（2000）と佐々木（2013: 143-173）を見よ。

ではない。説一切有部（有部）は、有為法は過去・未来・現在の三世の領域に実在しているという「三世実有」の立場を採り、未来の領域に実在している有為法が、原因の力により現在の一瞬間にのみ出現し、そして次の瞬間には過去の領域に去っていくと説く。そして有部は、現在の一瞬の間にも、有為法には、①生起し、②その状態を保ち存続し、③状態が変異し、④消滅するという四つの推移があると考えている。これに対し、経量部は、有部の理論を叩き台としそれを批判する形で、次のように説く。有為法は過去・未来の領域には実在しない。有為法はそれが生起する現在の一瞬間においてのみ存在する。現在の一瞬間において有為法は生起し、直ちに消滅し、次の瞬間には存在しない。即ち、有部は、一瞬の間にも有為法には前述の四推移①②③④があると説いたけれども、経量部はその内の②と③があるとは認めないのである。有為法は生起したら、直ちに消滅するのみである。

大乗仏教が採用した瞬間性の理論との関連上重要なのは、有部ではなく、経量部の説である。大乗仏教の瑜伽行派《ゆがぎょうは》はその説を理論的に体系付けていき、さらに仏教論理学派は、瞬間性の理論を基礎としたその派の存在論・認識論を確立していく。後期中観思想は、仏教論理学派のダルマキールティ（Dharmakīrti 法称《ほっしょう》、六〇〇〜六六〇頃（生存年代には異説あり））によって展開された存在論・認識論・論理学の影響を強く受けており、ダルマキールティの学説を日常世界・世間的なレベルで成り立つ理論として位置づけ、中観思想の構築に当たっては、ダルマキールティの学説を応用または拡大解釈していくのである。[7]

後期中観思想の此縁性解釈

後期中観思想における此縁性の縁起解釈の話に戻ろう。『真実綱要』五〇九〜五一四偈《げ》とそれらに対する『真実綱要細疏』の註釈において、「これあるときかれあり。これ生ずるがゆえにかれ生ず」という此縁性の意味は、「有為法の瞬間性」の理論に基づき、次のように解釈される。完全な原因が生起した瞬間（刹那）を第一瞬間とすると、結果は、その直後の第二瞬間に生起する。結果は、原因と同時に存在することはない。原因も瞬間的な存在であるから、第二瞬間には消滅するので、第二瞬間に生起する結果と同時に存在するということはない。また結果は、既に消滅した原因から生起するということはない。原因が消滅して非存在であるのに結果が生起するならば、結果は原因無しに生起するということになるであろう。結果が第二瞬間にではなく第三瞬間に生起するならば、原因は第

【7】計良（2012: 106-107）を見よ。より詳しくはKEIRA（2004: 45-86）を見よ。

二瞬間に既に消滅しているので、結果は原因無しに生起するということになる。しかし、結果が生起するのは第二瞬間なので、原因無しに生起するということにはならない。即ち、結果は、第一瞬間に生起して未だ消滅していない原因に依拠して（縁って）、第二瞬間に生起するのである。ゆえに、結果は未だ消滅していない原因に依拠して生起すると見なされるのである。

『真実綱要』と『真実綱要細疏』において、シャーンタラクシタとカマラシーラは、このような此縁性解釈を自説として示すのだが、カマラシーラの『中観光明論』等の中観論書では、この解釈は、あくまでも日常世界・世間一般（世俗）のレベルで説かれた因果関係・縁起の意味に過ぎないとされる。此縁性は世俗のレベルで成り立つ因果関係・縁起として説かれたことであるという考え自体は、中期中観思想のバーヴィヴェーカ等の考えと大きく異なるものではないが、『中観光明論』ではさらに、この此縁性解釈が、究極的・最高の真実（勝義）のレベルでは成り立たないことの証明が企てられている。この証明とこの証明が意味することの詳細は、本書の第二部第一章で説明する。【8】

【8】本書一八五頁。

二　「空」とは何か？（中観思想における一般的説明）

「大乗仏教」という語の「大乗」とは「大きな乗り物」という意味であり、これは「菩薩《ぼさつ》乗」のことを指している。[9] 大乗仏教は菩薩乗を説く仏教である。「菩薩乗」という語の「菩薩」とは「菩提《ぼだい》（悟り）を求める者」のことであり、乗り物としての「乗」は、それによって悟り・涅槃《ねはん》へ到達するための手段としての教えである。ゆえに、菩薩乗とは、菩薩が、自分を利すること（自利）と他人を利すること（利他）の両方を実現しつつ、悟り・涅槃へと到達するための手段として説かれた教理・教法のことである。菩薩乗を学び実践する者たちは、声聞《しょうもん》乗、即ち自分自身の救済・悟り（自利）ばかりを考え、他人の救済（利他）を顧みない仏弟子（声聞）たちの乗り物（手段）を、「小乗」つまり「小さな（劣った）乗り物」であるとして貶し、それに対して、自分たちの菩薩乗は「大きな（偉大な）乗り物」であるので「大乗」であると自称・自負したのである。また、大乗の菩薩も声聞のいずれも「菩提（悟り）を求める者」としては同じと見なされるので、前者を後者から区別するために、大乗の菩薩を指す場合には、「偉大な者」

【9】→【後註2】参照。

（摩訶薩《まかさつ》）という語を付け加えて、「菩薩摩訶薩」（偉大な者である菩薩、つまり偉大な菩薩）と呼ぶこととしたのである。

では、菩薩乗は、声聞乗や他の乗よりもどのような点で偉大なのであろうか。その答えとして大乗仏教の論書の中で良く見られるのが「七種の偉大性」（七種大性）である。七種大性には異説もあるが、『阿毘達磨集論釈《あびだつましゅうろんしゃく》』・『大乗荘厳経論《だいじょうしょうごんきょうろん》』・『中辺分別論釈疏《ちゅうへんふんべつろんしゃくそ》』等が説くところによれば、次の七つの点で菩薩乗は偉大なのだという[10]——①所縁《しょえん》（『十万頌《じゅ》般若』等の無量広大な経典等の教えを対象として学び理解すること）、②行（自利・利他の行）、③智（人・法の二無我の智）、④精進《しょうじん》（悟りを得るための長時間の困難な努力を行うこと）、⑤方便善巧《ほうべんぜんぎょう》（この世を捨てずにこの世に汚されずに導く手段の巧みさ）、⑥得（獲得される功徳・優秀さ）、⑦業《ごう》（仏陀の行為を実行し、輪廻《りんね》のある限り、正しい悟り・涅槃を示し現すこと）。

【10】 ASBh 96, 4-11, MSA 171, 10-20, MVT 200, 20-201, 2. 和訳は、山口（1966: 320）を見よ。

人無我・法無我

七種大性の内、ここでは「③智（人・法の二無我の智）」についてのみ説明する。声聞乗は人無我についての智のみを説くのに対して、菩薩乗は人無我と法無我の二つについての智を説くので、菩薩乗は優れており、偉大であるというのである。[11]

【11】 →【後註3】参照。

これは、仏陀は「諸行無常」・「一切皆苦《いっさいかいく》」・「諸法無我《しょほうむが》」の教え（いわゆる、無常・苦・無我の教え）を説き、それらは三つの教えの旗印（三法印）と見なされる（「一切皆苦」の代わりに「涅槃寂静《ねはんじゃくじょう》」を挙げる場合もある）が、仏弟子（声聞）たちは、仏陀の無我の教えを人無我として理解し、それのみを説いている、ということである。

人無我とは、「自己」（ātman 我《が》）という自分の存在の中心に意識されている、恒常で変わらない一なる「私」・実体的な生命の主体・不滅の魂・霊魂というものは存在しないことを意味する。有部のような部派のアビダルマ（abhidharma ダルマ（法）についての研究）においては、無我（人無我）はつぎのような仕方で説かれる。

初期仏教以来、存在の分類として「五蘊《ごうん》」（五種の集合体）・「十二処」（一二の領域）・「十八界」（一八の領域）が説かれている。五蘊とは、「色《しき》」（色形・物質）、「受」（感受作用）、「想」（表象作用）、「行《ぎょう》」（意志・形成作用）、「識」（認識・識別作用）という五種の蘊（集合体）である。初期仏教では五蘊は特に人間存在を構成する身心の諸要素として説かれるが、その場合は、「色」が身体であり、「受・想・行・識」が精神諸機能である。十二処とは、「六根《こん》」（または六入《にゅう》）という感覚・思考の器官としての機能と「六境《きょう》」という六根それぞれの対象とを合わせた一二種の領域。六根は、「眼」（視覚機能）、「耳」（聴覚機能）、「鼻」（臭覚機能）、「舌」（味覚機能）、「身」（触覚機能）、「意」（思考機能）の六種の器官としての機能。六境は、「色」（色・形）、「声」（音声）、「香」（におい）、「味」（あじ）、「触」（触られるもの）、「法」（考えられるもの）の六種の対象である。十八界とは、十二処の六根と六境に「六識」を加えた一八種の領域。六識は、六種の認識それぞれを成立させる働きとしての「眼識」・「耳識」・「鼻識」・「舌識」・「身識」・「意識」である。これらの分類において大切なのは、五蘊の五種または十二処の一二種あるいは十八界の一八種によって、分類上、〝すべて〟が説かれたとされていることである。ゆえに、たとえば、五蘊の「色・受・想・行・識」のそれぞれについて、「色は無常である」・「受は無常である」・「想は無常である」・「行は無常である」・「識は無常である」と説くことによって、「すべては無常である」と説き示されたことになるのである。

さてそこで、無我（人無我）の説明は次のような仕方で行われる。五蘊によって人間存在の身心の諸要素すべてが説かれているが、「色・受・想・行・識」の各々について調べてみても、そのどれもが無常であり、苦であり、身心のどこにも恒常不変の一なる自己（我）など認められない。ゆえに、人には恒常不変な一なる自己など無い（人無我である）という結論が導出される。

有部は、そのアビダルマにおいて、存在の分析をさらに詳細に行い、五蘊・十二処・十八界の分類法を下地として、そこから「五位七十五法」（五つのカテゴリーに分けられた七五の存在構成要素）という分類法を確立する。有部は、七五の存在構成要素により、分類上、存在の〝すべて〟が説かれたと考えるが、七五の存在構成要素を調べても、どこにも人の恒常不変な一なる自己（我）など認められないので、人にはそのような自己は無い（人無我である）と説くのである。

ナーガールジュナは、『中論』第一八章一～二偈で、自己（我）と自己所有物（我所《がしょ》）について次のように考察する。

もし自己が諸蘊（身心の諸要素）と同じであるならば、それは生じたり滅したりするものとなろう。もしも諸蘊と別異であるならば、諸蘊の特徴を持たないものとなるであろう。（一八章一偈）

自己（我）が存在しない場合、自己所有物（我所）が全くどうしてあるであろうか。自己と自己所有物が寂滅することにより、「私」や「私のもの」

という意識はなくなる。（一八章二偈）

バーヴィヴェーカの『般若灯論』によると、自己が諸蘊と同じならば、身心は生じたり滅したりするものだから、自己も生じたり滅したりするものとなるだろうし、また自己が諸蘊と別異ならば、自己は身心の特徴を持っていないものとなるだろうと説明される。自己の恒常不変性・単一性は、生成変化する諸蘊（身心）の性質・特徴と同じではありえず別異であり、自己は諸蘊（身心）の特徴を持つものではあり得ない。したがって、諸蘊と別異な自己など認められず、それは存在せず、人無我である。そうである場合、諸蘊は「自己・私」や「自己所有物・私のもの」とは関係なく、それらを離れて成立していることとなり、ただ諸蘊・有為法（原因により形成された事物）のみが生じたり滅したりしているだけということとなる。[12]

バーヴィヴェーカのこの説明が「人無我」についてであるのは、後期中観思想のカマラシーラの説明からも理解できる。カマラシーラは、『修習《しゅじゅう》次第後篇』(*Third Bhāvanākrama*)の中で、人無我とは、「諸蘊が「私」とか「私のもの」（という観念）を離れていること」であると説明する。[13] 非仏教徒により考えられ

【12】PP D183b4-5を見よ。PsP$_{LVP}$ 351, 15-352, 2も見よ。

【13】→【後註4】参照。

ている「自己」というのは、恒常で一なる性質のものであるが、「自己」は明らかな姿・形をもって意識に現れ直接知覚されるものではないので、それは実在ではなく、構想されたもの・観念に過ぎず、非仏教徒たちは、諸蘊（身心）に対して「私」という観念を生じているに過ぎないのである。というのは、自己は諸蘊を本性とするものではなく、諸蘊とは本性上異なるからである。諸蘊は、生成変化するので、無常であり多様であるが、自己は、恒常で一なるものと考えられている。また、仏教内の犢子部《とくしぶ》等の部派は、「諸蘊と同一でもないし別異でもない個我（pudgala）」が実在すると説くが、諸蘊と同一でもなく別異でもない第三のあり方など論理的にあり得ないので、その説は妥当ではない。ゆえに、非仏教徒や犢子部等の、「私」・「私のもの」という認識・判断は、虚偽であり誤りであるとカマラシーラは説くのである。

カマラシーラ等による人無我の説明は、存在の構成要素をすべて調べてもどこにも自己は存在しないと示す仕方ではなく、諸蘊との別異性から「自己」は観念に過ぎないと説き、「人無我」が指し示す、観念を離れた諸蘊の客観的な状況を明らかにする仕方で行われている。

他方、法無我とはどのようなことであろうか。カマラシーラの『修習次第後篇』(5, 19–20) では、それは、一切法、即ちすべての存在が幻のようであることと説明される。幻は、私たちの意識に現れ、知覚され得るものであるが、真実としては存在しない。そのように、一切法は、幻のように、日常世界・世間一般(世俗)のレベルでは、私たちの意識に現れ、知覚され得るが、しかし究極的・最高の真実(勝義)のレベルでは存在しないのである。一切法について、このように理解するのが、法無我の智である。

無我・無自性・空

なぜ一切法は幻のようなのであろうか。法無我は、すべての存在および存在構成諸要素としての法に我(ātman)が無いことであり、大乗仏教は、その法無我を、それらに恒常不変の本性(svabhāva 自性《じしょう》)が無いこと、即ちそれらが無自性であることと解釈する。これに対して、初期仏教と部派仏教が説くところの無我、即ち人無我は、恒常不変で一なる本性をもった自己(我)は存在しないと否定するけれども、存在の構成要素としての法それ自体は実在すると考えていたのであった。また、『般若経』等の大乗経典の中で、「すべては空《くう》である」という教えが説かれるが、「空」(śūnya) とは「欠いていること」・「欠如」を意味する語である。では、何を欠いているのかというと、自性を欠いているのであり、つまり、「空」とは、自性の欠如、自性の空を意味しているのである。大乗仏教は、法無我を、無自性と解釈し、自性の空として理解する。ゆえに、一切法は、自性を欠いているがゆえに、幻のようなのである。

否定対象としての「自性」とは何か？

一切の法（存在・存在構成要素）が持つことなく欠いている自性、言い換えれば、一切法について否定されるべき自性とはどのようなものなのだろうか。先に、「自性」を恒常不変の本性と訳したが、それはナーガールジュナが『中論』第一五章で自性を次のように説明しているからである。

自性が原因と条件とによって生じることは論理的に正しくない。原因と条件とによって生じたならば、自性は作られたものとなるであろう。（一五章一偈）

さらにまた、どうして自性が作られたものであるということになるであろうか。（一五章二偈ab）

もし本性（prakṛti＝自性）として存在することが〔何かに〕あるならば、それが存在しないことは起こり得ないだろう。本性が他に変化することは全く不合理だからである。（一五章八偈[14]）

自性は原因や条件から生じるのではなく、それらにより作られたものではない。ゆえに、自性は縁起したものではないので、自性は恒常不変の性質のものなのである。すべての事物・存在物が、自性という恒常不変の本性を持っているならば、それらが原因や条件の力に縁って生じたり、変化したり、消滅したりすること、つまり縁起することなどありえない。しかし、実際、すべての事物・存在物は生成・変化・消滅するのであるから、それは恒常不変の本性など持っていないはずである。ゆえに、すべての事物・存在物は無自性・空なのであり、恒常不変の本性を持たない幻のようなものなのである。そしてそのような本性を持たない幻のように、それらは日常世界・世間一般（世俗）のレベルでは意識に現れ知覚されるけれども、究極的・最高の真実（勝義）のレベルにおいては存在しないのである。要点を纏め略説するならば、このように理解するのが、法無我の智である。

【14】 MĀ D150a5-7は、自性に関する説明として、ここで引いた一五章の偈と二一章一七偈abを引用する。計良（2016: 28-29）を見よ。

三　空思想の源泉・出処としての仏陀

ナーガールジュナは、初期の八千頌系の般若経典の思想を根拠付けた、大乗仏教初の論師と見なされる。般若経典は、智慧の完成（prajñāpāramitā 般若波羅蜜《はらみつ》）の教えを説く経典であり、『八千頌般若』（*Aṣṭasāhasrikā Prajñāpāramitā*, ed. P.L. Vaidya, Darbhanga, 1960）では、第一章・第二章にその思想が集中的に説かれている。「諸々の存在物（法）は、無学な凡愚なる者、一般人がそれらに執着しているような仕方では、存在していない（p. 8）。」「〔五種の集合体（五蘊）中の〕物質（色）を把握（認識・執着）せず、同様に、感受作用（受）、表象作用（想）、意志・形成作用（行）、認識作用（識）を把握（認識・執着）しないことが、偉大な菩薩にとっての智慧の完成である（p. 5）。」「色は色の本性（自性）を欠き、受、想、行も同様であり、識も、シャーリプトラ長老よ、識の自性を欠き、智慧の完成も、シャーリプトラ長老よ、智慧の完成の自性を欠いている（p. 6）。」「このように、世尊《せそん》よ、〔菩薩は〕智慧の完成において、すべての存在物を、すべての様態で考察しつつ、そのときには色を認めず、色を許容せず、色の生起も見ないし、色の消滅も見ないのである。受、想、行についても同様であり、そして識を認めず、識を許容せず、識の生起も見ないし、識の消滅も見ないのである（pp. 13-14）。」「偉大なる菩薩は、空性にとどまることによって、智慧の完成にとどまるべきなのである（p. 17）。」『八千頌般若』は、このような思想を説き、有部が実在するとして固執した存在物・存在構成要素としての法を否定することに専心しているのである[15]。

『八千頌般若』の思想の中心は智慧の完成にあり、空思想にあるのではないが、経典の製作者は、智慧の完成も諸法の空性も仏陀自身が説いた教えであり、自分たちは仏陀の教えを正しく受け継いでおり、それを人々に説き広めるのだという意識を強く持っていたことと思う。そうならば、般若経典であれ中観思想であれ、それらが説く空思想の源泉・出処は仏陀であることになるが、仏陀自身はそのような空思想を実際説いていたのだろうか。

確かに、最古の経典『スッタニパータ』でも、「世界を空なりと観ぜよ（第五章一一一九偈）」等と説かれている。しかし、説一切有部や南方上座《じょうざ》部《ぶ》の伝統では、「空」というのは、諸法が自己（我）を欠いていること、即ち無我を意味する語として用いられているが、それら両部派は、「諸法は自性を持つ」という理

【15】梶山（1983: 58–61）参照。

解に立っているので、諸法の無我・諸法の空は認めるが、般若経典や中観思想が説くような、諸法が自性を欠いていること（自性空）を認めることはない。したがって、仏陀自身が自性空を説いたとは認めないのである。

ここで、次のことを考えてみよう。自性空の教えの源泉が仏陀の教説中にあるならば、仏陀はそれを弟子（声聞）たちに説いたはずである。そうならば、声聞は人無我を説くが、法無我は説かないのはなぜなのか、その状況をどのように理解するべきなのか。

このことに関して、中期中観思想のチャンドラキールティは、興味深い考えを示している。彼は、『入中論』第一章八偈dに対する自註において、仏陀は声聞たちに法無我の教えを説いていると述べ、その証拠として、初期仏教経典の『泡沫経』（パーリ『相応部』第二二「蘊相応」第九五章）を引用する。

色は泡の玉のごとし、受は水泡のごとし、想は陽炎のごとし、行は芭蕉のごとし、識は幻のごとし、と太陽の親族（仏陀）によって説かれた。[16]

『泡沫経』は、五蘊はすべて、空虚、うつろなもの、核芯のないものであると説

【16】『泡沫経』は、PsP$_{LVP}$ 41（PsP$_{M}$ 203）と549やTJ P77b2-3等にも引用される。

くので、彼は、この経文は仏陀が五蘊の法無我・自性空を説いたものと理解する。そう理解した上で、彼は、仏陀は声聞に対しても法無我を説いたのだが、「声聞乗においては、法無我を示唆的に説いたに過ぎない」（MAtBh$_{skt}$ 18, 6–7）と言う。また、『入中論』第六章一七九偈abに対する自註（302, 11–14）では、声聞と独覚も「此《こ》れを縁《えん》（原因）と〔して結果が生起〕することただそのことのみ」という唯此縁性の縁起を見るけれども、彼らが法無我を完全に理解し修習することはない。彼らにとって、法無我は、あくまでも煩悩という障害を除去する手段としてのみあるのである。他方、彼らには、人無我を余すところなく理解し修習することはあると確立されると彼は言う。つまり、チャンドラキールティによると、自性空・法無我は、仏陀自身の教説であり、仏陀は声聞等に対してもそれを説いたが、示唆的に説いたに過ぎない。ゆえに、声聞等も法無我・無自性を知ることはあるが、単に煩悩を除去する手段として知るに過ぎず、それを完全に理解し修習することはないというのである。

　自分も最終的に一人の仏陀と成ることを目指す大乗仏教においては、煩悩を除去するだけでは、仏陀と同等の智を得ることはできない。チャンドラキールティの考えでは、仏陀と同等の智を得るためには、煩悩や無明のみならず、無明や煩悩の習気《じっけ》、即ち無明や煩悩が心に染み付いたところの潜在的な影響力をも除去しなければならない[17]。しかし、声聞等は、煩悩等を除去することはできても、無明や煩悩の習気を除去することはできないので、仏陀と同等の智を得ることはできないのである。そして、声聞等は、人無我を完全に理解するが、法無我を完全に理解することはないので、法無我をその完全な意味で説くことはできない。法無我を完全な意味で明らかにするのは、大乗だけなのである。

仏陀自身の空思想をどう解釈するかは、中観思想（大乗仏教）と有部・南方上座部との間では、解釈が一致することはないが、中観思想の立場から見るならば、仏陀自身の次の予言のような言葉（パーリ『相応部』第二〇「譬喩相応」第七章）は、非常に興味深い。

修行僧らよ、未来世において修行僧らはこのようになるであろう。如来が説かれたそれらの経典は深遠であり、意味深く、世間を越え、空性に相応するものである。それらが説かれているとき、〔未来の修行僧らは〕よく聞かず、耳を傾けず、知ろうとする心を起こさず、それらの教えを記憶し熟達すべきものとは思わないであろう。

【17】→【後註5】参照。

中観思想側からすれば、仏陀のこの言葉は、如来・仏陀が説く空性に相応する教えを理解しようとせずに、「諸法は自性を持つ」と解釈する有部・上座部の考えの出現を予見しているようにも見え、またそのような考えを持つに至らぬようにと、修行僧らに注意を促しているようにも見えるであろう。【18】

【後註1】十二支縁起の順観が、無明から現実の苦一切が成立して来ることを説くのに対して、その逆観は、無明が滅することにより行が滅し、行が滅することにより識が滅するという仕方で、直前の支分の滅を原因として、第一二までの各支分が順々に滅していくこと、即ち無明という最大の汚れの除去から、我々の生存の汚れが順々に浄化され、最終的に現実の苦一切の除去に至ることを説く。

【後註2】部派仏教（厳密には北伝の部派）において、「三乗」という述語が使用されていたが、三乗の構成は「声聞《しょうもん》乗・独覚《どっかく》乗・仏乗」であった。初期の大乗仏教は、その三乗中の「仏乗」の位置に、あえて「菩薩乗」という語を重ね、さらには「大乗」の語を重ね用いることによって、自らの存在基盤をアピールして行ったようである。斎藤（1989: 56–57）参照。

【18】中村（1970: 130–138）、梶山（1992: 20–27）参照。

【後註3】チャンドラキールティは、『入中論』第六章一七九偈abに対する自註（MAtBh 302, 6–9）の中で、声聞と独覚（教団に属さず一人で悟りを得る者）を解脱させるために人無我が説かれ、菩薩を解脱させるために人無我と法無我の二つの無我が説かれたと言うのだが、他方第一章八偈dに対する自註（MAtBh_{skt} 14, 5–6）において、声聞や独覚が一切法無自性、即ち法無我を（煩悩を除去する手段として）知り理解することもあると説く。本書三六頁を見よ。

【後註4】BhK III 5, 18–19. 瑜《ゆ》伽行《がぎょう》唯識《ゆいしき》学《がく》派《は》のヴィニータデーヴァ（Vinītadeva）も、『二十論註疏』（D172b3–4）で、次のように言う。「人無我の教説により導かれる者たちは、生滅の性質を持つ法は、「私」や「私のもの」を離れており、蘊のみに過ぎない、とその教説に依り理解して、教えの聴聞・〔教えについての〕思考等の段階的プロセスを経て、人無我の意味に悟入する。」

【後註5】大乗仏教では、一般に、煩悩障（煩悩という障害）と所《しょ》知障《ちしょう》とが除去されなければ、仏陀と同等の智を得ることはできないとされている。所知障は、大乗仏教の瑜伽行唯識学派やカマラシーラ等の後期中観思想等では、認識対象に対する障害を意味するが、チャンドラキールティにおいては、所知障の解釈が特殊である。彼が解釈する所知障の意味とは、略説するならば、所知という断じるべき障害、顕現する対象を断じ滅することに対する障害であり、その障害となっているのは無明の習気とされる。

その習気があるために、顕現する対象があり、世俗の活動があるのだが、それを除去できるのは、菩薩・仏陀のみであると説かれる。太田（2018）と池田（2000）を参照せよ。

第一部　中観思想史

第一部では、インド中観思想史を、初期（二〜五世紀）・中期（六〜七世紀）・後期（八世紀以降）に分けて説明する。[1]

初期中観思想は、ナーガールジュナの『中論』とそれに対する幾つかの註釈および関連論書に説かれるところの思想である。中期中観思想は、学派としての中観派が成立した後の中観思想であり、正しい認識を得るための手段（pramāṇa）として仏教論理学派が認める直接知覚（pratyakṣa）と推論（anumāna）の理論に関しては、それを積極的に受容した・しなかったのいずれにせよ、ディグナーガ（Dignāga 陳那《じんな》、四八〇〜五四〇頃）の理論の影響下に在った中観思想である。そして後期中観思想は、仏教論理学派のダルマキールティの正しい認識手段（即ち、直接知覚と推論）の理論の影響を強く受けたジュニャーナガルバ（Jñānagarbha 智蔵《ちぞう》、七〇〇〜七六〇頃）、シャーンタラクシタ（Śāntarakṣita 寂護《じゃくご》、七二五〜七八八頃）、そしてカマラシーラ（Kamalaśīla 蓮華戒《れんげかい》、七四〇〜七九五頃）を中心とする中観思想である。

【1】斎藤（2012）に提示された「中観思想の展開に関する人物・著作の一覧図」に依拠する。

第一章　初期中観思想

一　ナーガールジュナ

ナーガールジュナの歴史的位置付け

初期中観思想を確立したナーガールジュナは、伝承によれば、南インドのバラモン出身の大乗仏教徒であり、多数の著作を残したことになっているが、彼の生没年・生涯・著作に関して確かなことは分かっていない。確実に言えることは、彼が『中論』の著者であるということだけかもしれない。ゆえに、本節では、『中論』における彼の主要思想を説明することとする。だが、その前に、最新の研究に基づき、インド大乗仏教史における彼の位置付けについて言及しておこう。【2】

チベット仏教の伝承においては、（また、中国の三論宗《さんろんしゅう》においてもそうと言える

【2】ナーガールジュナの歴史的位置付けについての説明は、斎藤（2012）と同著者の関連論文に基づく。

だろうが、）ナーガールジュナは、言わば「中観派の学祖」として位置付けられている。しかしながら、インド仏教史における彼の位置付けを、彼が『中論』を著したことによって果たした役割から再考察すると、彼を中観派という学派の祖師とみなすのは正しいとは言えないことが現在では明らかになっている。というのは、実際、「中観派」（Mādhyamika / dBu ma pa）という呼称を採用するのはバーヴィヴェーカ（四九〇〜五七〇頃）が初めてであり、大乗仏教の学派としての中観派を創始したのはバーヴィヴェーカであると考えられる。

ナーガールジュナは、初期の八千頌《じゅ》系の般若《はんにゃ》経の思想を根拠付けながら、空《くう》思想が初期仏教由来の伝統に根ざすことを立証した大乗仏教初の論師であり、インド大乗仏教の歴史的展開を見る限り、彼は、「瑜《ゆ》伽行《がぎょう》派」や「中観派」という大乗仏教の学派成立以前に、八千頌系の般若経に基づき、大乗の教理研究・教理の裏付け、即ち「大乗のアビダルマ」を基礎づけ確立した最初期の論師と見なすのがむしろふさわしいと考えられるのである。

そして大乗のアビダルマを基礎づけ確立したナーガールジュナの『中論』における思想が、初期瑜伽行派の思想形成に影響を与え、四世紀以降に瑜伽行派を誕生させることとなり、さらに六世紀には、瑜伽行派の思想の影響とその思想に対する批判という文脈のもとに、バーヴィヴェーカにより、学派としての中観派が確立されることとなるのである。

中観思想展開史の視点から言うならば、ナーガールジュナが大乗アビダルマを基礎付け確立したそのことこそが初期中観思想の成立と見なされる。彼以外に、初期中観思想に位置付けられる論師としては、彼の弟子アーリヤデーヴァ(Aryadeva 聖提婆《しょうだいば》、一七〇～二七〇頃)そして『中論』に対して註釈書を著したブッダパーリタ(Buddhapālita 仏護《ぶつご》、三七〇～四五〇頃)等が挙げられる。

ナーガールジュナが『中論』により果たした役割

次に、ナーガールジュナが『中論』という著作を著したことによって果たした役割を見て行こう[3]。ここでは、彼が果たしたその役割三つ①②③を説明しながら、『中論』の主要思想に言及して行くこととする。

役割① 先に述べたとおり、彼は『中論』によって初期の八千頌系の般若経の思想を根拠付け、一切諸法が「空」であり、「無自性《むじしょう》」であり、「不生《ふしょう》・不滅《ふめつ》」であることの証明に努めた。まずそのことが、彼が果たした役割の第一として挙げ

【3】以下、本項の説明は、主に、斎藤(2011)に基づく。

られる。一切諸法の「不生・不滅」は、「八不《はっぷ》の縁起《えんぎ》」を説いた『中論』冒頭の帰敬偈《ききょうげ》に言及されている。その帰敬偈は、「生ずるのでもなく（不生）、滅するのでもなく（不滅）、恒常でもなく（不常）、断絶するのでもなく（不断）、同一でもなく（不一）、別異でもなく（不異）、来るのでもなく（不来）、去るのでもない（不去）」という（八不の）縁起を説いた正等覚者《しょうとうかくしゃ》（仏陀）を讃嘆するものである。そこでは、八不の縁起の一つとして、「不生」である縁起が説かれている。『中論』において、ナーガールジュナは、「縁起」は「不生」であると説き、「不生」を「縁起」の意味として（同義語として）見なし、説いているのである。

しかしながら、一切諸法が「空」であり、「無自性」であり、「不生」であるならば、それは、私たちが現実に経験する事実に反している。また「縁起」は「（原因に）依拠して生起すること」を意味するのであるから、それが「不生」であるというのは矛盾であると考えられる。たとえば、水分や気温等の条件が満たされた場合、植物の「種子」という原因から、結果として「芽」が生じることは現実に経験される事実であるから、その縁起を「不生」であるというのは矛盾であり、「種子」や「芽」が空・無自性であるというのは、私たちが現実に経験する事実に反し、認められないことである。

この「現実の経験的事実との矛盾」について、空・無自性・不生の教説はそのような誤りを犯してはいないことを説明するために、ナーガールジュナが導入した理論が、『中論』第二四章八〜九偈《げ》で説かれる「二諦《にたい》（satyadvaya）説」（二つの異なるレベルでの真実を説く説）である。

二諦に依拠して、諸仏は法（教え）を説く――世間世俗の真実（世間世俗《せぞく》諦《たい》）と究極的な観点からの真実（勝義諦《しょうぎたい》）とである。（二四章八偈）

二諦の区別を理解しない者たちは、仏陀の深遠な教説における真実（tattva）を理解しない。（二四章九偈）

この二諦説によって、ナーガールジュナは次のように説くのである。先述の例を使用して説明すると、植物の種子や芽が存在することや種子から芽が生じることとは、世俗の真実（世俗諦）として認められることである。しかし、それらが空・無自性・不生であるということは、究極的・最高の真実（勝義諦）として説かれていることである。ゆえに、「空」・「無自性」・「不生」が「現実の経験的事実との矛盾」という誤りを犯していることはない。

二四章八偈に「二諦に依拠して、諸仏は法（教え）を説く」とあるが、「空」・「無自性」という最高の真実（勝義）を人に教え理解してもらうことは、世間世俗の言語慣習（vyavahāra）に依ること無しには不可能である。ゆえに、同章一〇偈は次のように言う。

言語慣習に依拠しなければ、勝義は説示されない。勝義を理解せずして、涅槃《ねはん》は証得されない。（二四章一〇偈）

勝義を理解すること無しに涅槃を得ることはできない。しかし、まず勝義についての教えを理解するためには、世間の言語慣習、即ち世間世俗に依拠せざるを得ないのである。

他方、二四章九偈の「二諦の区別を理解しない者たちは、仏陀の深遠な教説における真実を理解しない」という言葉は、二諦説の理解について、特に後期中観思想が瑜伽行唯識学派等の考えを批判する際に言及され、重視される言葉でもある【4】。

【4】 本書一〇二頁を見よ。

役割②　ナーガールジュナが『中論』によって果たした役割の第二番目は、空《くう》性《しょう》の意味と空性の有用性（効用・目的）を彼が明らかに説いていることである。「空」という語の意味は、自性（縁起したものではない、恒常不変の本性）を欠如していること、即ち無自性である。そして事物が空であること（空性）・無自性性は、二諦説の導入により、世俗としてではなく、勝義として理解されるべきことと説明される。世俗と勝義という二諦の区別を正しく理解し、世俗としてではなく、勝義として空性を理解する者が、仏陀の深遠なる教説における真実（tattva）を見るのである。ゆえに、ここから、空性とは勝義（paramārtha）であり、真実（tattva）であると理解することができる。

さて、『中論』第一八章九偈は、その「真実」の特徴を次のように説明する。バーヴィヴェーカやチャンドラキールティの註釈によると、その「真実」は「勝義」に他ならない。

他に依っては知られず、寂静であり、戯論《けろん》（prapañca）によって戯論されず、概念的思惟を離れ、多義でない。これが真実の特徴である。（一八章九偈）

「戯論」(prapañca) という語は、「概念化」「概念化作用」「概念的拡散」を意味する語である。[5] ここの「戯論によって戯論されない」とは、註釈書によると、「さまざまな言葉によって述べられない(概念化されない)」という意味である。その概念化(戯論)が止滅するからである。その「概念化」「概念的拡散」が止滅した状態が「真実」「勝義」の特徴である。

では、どのようにして、その「概念化」「概念的拡散」を止滅させることができるのか。『中論』同章五偈では、次のような解脱《げだつ》論が説かれている。

業と煩悩とが消滅することにより解脱がある。業と煩悩とは概念的思惟から〔生じる〕。それら〔の概念的思惟〕は概念化から〔生じる〕。しかし、概念化は空性において滅せられる。(一八章五偈)

「空性において」という語は、バーヴィヴェーカの註釈によると、「法無我(空性)の特徴を理解することによって」あるいは「空性の〔直観〕智が生じるときに」という意味である。空性は、概念化・概念的拡散を止滅させることを意図し

【5】『中論』におけるprapañcaの意味については、SAITO (2019) を見よ。

て説かれているのである。

さて、事物が縁起し生成変化するならば、事物が恒常不変の自性《じしょう》を持っていることなどあり得ない。ゆえに、事物が縁起しているならば、それは無自性・空である。（今、「事物が縁起しているならば、それは空である」という命題文を「縁起↓空性」と表すことにする。「↓」は「ならば」と読む。）『中論』第七章一六偈abは、次のように説いている。

縁《よ》って生じるものは、自性の点からして寂静（無自性・空）である。（七章一六偈ab）

先に引用した『中論』第一五章一偈abは、「自性が原因と条件とによって生じることは論理的に正しくない（＝自性は縁起するものではない）」と説いていたが、七章一六偈abと一五章一偈abは、論理学的には等しい意味を説いていると言えるであろう。「何であれ縁起するものに、自性は無い」ならば、「自性は、縁起するものには無く、縁起するものではない」ことを意味するし、また「自性は縁起するものではない」ならば、「縁起するものに自性は無い」ことを意味するのである。

しかし、『中論』において、ナーガールジュナは、事物が縁起しているならば、それは無自性・空である（縁起→空性）と考えているだけではない。彼は、「空であるからこそ、縁起が成立する」（空性→縁起）と説き、「縁起すること（縁起）」と「空であること（空性）」とは全く等しいと考えているのである。

ある者にとって空であることが合理である（成り立つ）ならば、その者にとってすべてが合理である（成り立つ）。空であることが不合理（成り立たない）ならば、その者にとってすべてが不合理である（成り立たない）。（二四章一四偈）

つまり、一切が空であるならば、生じたり滅したりすること（＝縁起すること）が成り立つだろうが、「もしこの一切が不空であるならば、生じることもなく、滅することもない（二四章二〇偈ab）」のである。事物が恒常不変の本性を持っている（有自性・不空である）ならば、事物が縁起し生成変化することはあり得ないが、事物は無自性・空であるので、事物が縁起することが成り立つのである

（空性↓縁起）。ゆえに、「事物が縁起すること」と「事物が空であること」とは、お互いが必要十分条件となっているので、論理学的には同値（等しい）ということになるのである（縁起⇅空性）。

そして「縁起」のみならず、業《ごう》とその結果の関係、四諦《したい》説等の仏教の伝統教理や日常的な言語活動もすべて、それらがもし不空であるならば、それらは成り立たないが、それらが空であるからこそ、それらは成り立つのである。まさにこのことを、ナーガールジュナは、空性の有用性（効用・目的）として説明しているのである。

役割③ 最後、ナーガールジュナが『中論』によって果たした役割の第三番目は、彼が、「空性」を、仏陀が悟り明らかにした「縁起」に他ならないと考え、「空性」は仏陀の教説（伝統説）に基づくことを強調し、そのことの証明を企てていることである。第二四章一八偈は次のように言う。

> 縁起を空であると我々は説くのである。それは〔質料因等に〕依拠しての表示（概念設定）であり、それこそが中道である。（二四章一八偈）

チャンドラキールティの註釈に従って説明すると、事物が縁起すること、即ち原因と条件に依拠して生起することは、事物が恒常不変の本性（自性）を持つならば成り立たないので、縁起は自性としては不生起であり、その生起は自性を欠いているので、縁起は自性空である。自性空であるとは、事物が自性をもって存在しているのではないということであるから、たとえば、車（馬車）は、車輪等の部品に依拠してそれは単に「車」と名付けられ（概念設定され）表示されているに過ぎないように、あらゆる事物は、五蘊《ごうん》という質料因等の原因や条件――原因・条件自体も自性空であるが――に依拠して、何らかの事物として名付けられ表示されているだけに過ぎないと確定されるのである。（ゆえに、「空であること」それ自体も単なる表示・概念設定である。）そしてその空であること（空性）こそが中道として確立されるというのである。この一八偈は、「空性」は「縁起」という仏陀の教説に他ならないと説き、そして空性が仏陀の教説であることの根拠を「空性こそが中道である」ことに求めているようである。

ナーガールジュナは、『中論』第一五章六〜七偈において、非有非無《ひうひむ》の中道説を説き、その中道説が仏陀の教説（伝統説）であることを証明するために、彼は、初期仏教経典の『カーティヤーヤナ（迦梅延《かせんねん》）教誡〔経〕』（パーリ『相応部』第一二「因縁相応」第一五章「カッチャーヤナ氏」、及び漢訳『雑阿含経』第三〇一経に対応）に言及する。

自性（それ自体の固有の本性）と他性（他者にとっての自性）、存在と非存在を見る者たちは、仏陀の教説における真実を見ない。（一五章六偈）

存在と非存在をよく知る世尊は、『カーティヤーヤナ教誡〔経〕』の中で、「存在する」ということと「存在しない」ということの両者を否定したのである。（一五章七偈）

自性が不成立ならば、他性（他者にとっての自性）も不成立である。自性が不成立で、無自性・空であるならば、存在は成り立たず、存在が不成立ならば、非存在も不成立である。「非存在」は「存在」が変異したものであり、「存在」の成立無くして「非存在」は成立しないからである。（中期以降の、特に後期の中観思想でよく用いられる説明によると、「非存在」は「存在」の否定であり、否定対象である「存在」が成立しない場合、それの否定、即ち「非存在」も成立しないのである。）

したがって、無自性・空であること（空性）が、存在の不成立と非存在の不成立、即ち「非有非無」の根拠である。ゆえに、空性を理解し、そこから「非有非無」を見る者が仏陀の教説における真実を見るのである。

ここで言及されている『カーティヤーヤナ教誡〔経〕』（パーリ対応経）は次のように説いている。

カッチャーヤナよ、「すべては存在する」というこれは一つの極端である。「すべては非存在である」というこれは第二の極端である。カッチャーヤナよ、如来《にょらい》はこれら両極端に近づくことなく、中〔道〕によって法（教え）を説くのである。

この経の中で、仏陀は、存在（有）と非存在（無）という両極端を排し離れた「非有非無」を中道として説いている。ナーガールジュナは、この経に言及することで、「非有非無」の根拠は空性にあるのだから、「空性」は仏陀の教説（伝統説）から逸脱せず、それに基づくことであるという証明を企てているのである。『中論』では、『般若経』等の大乗経典が言及・引用されることがなく、この

『カーティヤーヤナ教誡〔経〕』という初期仏教経典が言及されるのみである。しかしながら、『中論』では、その経典以外に、ナーガールジュナは、経典名を挙げてはいないが、初期仏教の梵天勧請《ぼんてんかんじょう》説話を念頭に置いて述べていると思われる箇所が見出される。

梵天勧請説話は、簡略に纏めるならば、次のようである。仏陀が成道《じょうどう》後、自分がさとり得た法（真理）は深遠難解であるから、説法はするまいと考えていたところ、ブラフマー神（梵天）が仏陀の前に現れ、仏陀に説法を行うよう懇請する。そこで、仏陀は仏眼をもって世界を観察し、衆生《しゅじょう》（有情・生命をもって存在するもの（ただし、植物は含まない））の資質の多様性を認識し、慈悲《じひ》（kāruññatā）を垂れ、説法することを宣言する。それを聞いて、ブラフマー神は喜び、姿を消す。[6]

次の第二四章一二偈は、梵天勧請説話を念頭に置き説かれたものである。

それゆえ、この法（空性の教え）は〔智慧の〕乏しい者たちによっては理解され難いと考えて、〔釈迦〕牟尼《むに》の心は法を説くことから退いたのである。

（二四章一二偈）

【6】阪本（後藤）（1992: 473-474）参照。

この偈において、ナーガールジュナは、「縁起、即ち空性という教えは深遠難解なので、仏陀は説法を躊躇《ためら》った」と説き、梵天勧請説話という伝統説に結びつけ、仏陀がさとり得た真理とは縁起、即ち空性であると説き示そうとしている。

さらに、『中論』では次の一偈も説かれている。

> 一切の〔悪しき〕見解を断じるために、〔縁起という〕正法を〔衆生に対する〕慈悲（anukampā）の思いから説かれたガウタマ（仏陀）に、私は帰依する。[7]（二七章三〇偈）

これは第二七章三〇偈（最終章最終偈）である。『中論』の註釈書は、この偈の註釈において、梵天勧請説話に言及してはいないようであるが、衆生に対する慈悲の思いから仏陀はその教えを説いたという説法の動機は、その説話に結び付くものとも解釈可能であろう。

このように、梵天勧請説話を念頭に置いた説明からも、ナーガールジュナが、縁起、即ち空性は伝統説であり、仏陀の教えから逸脱していないと説き示そうと

【7】→【後註1】参照。

していることが理解できるだろう。

【後註1】チャンドラキールティは、註釈において、このanukampāを「大悲」(mahākaruṇā)と解釈している。また、バーヴィヴェーカは、『中観心論』の冒頭の帰敬偈において、世尊(仏陀)は慈悲に基づき(kāruṇyād)真実を(神々と人間たちに誤ること無く)説いた方と述べている。彼らの解釈・考えに従えば、中観思想においては、ここでのanukampāは、梵天勧請説話(パーリ『相応部』第六「梵天相応」第一章「梵天勧請」)のkāruññatāと大きく意味が異なるものではないと見なし得る。

第二章　中期中観思想

中期中観思想は、四～五世紀にかけて成立した瑜伽行唯識学派《ゆがぎょうゆいしきがくは》からの思想の影響とその思想に対する批判という文脈のもと、バーヴィヴェーカが学派としての中観派を確立した六世紀から後期中観思想が成立する八世紀前までの思想である。中観派が確立された文脈から理解できるが、瑜伽行派の思想に対する批判・攻撃意識が強いのが中期の思想の特徴である。また、仏教論理学派からの思想的影響という点から言うと、ディグナーガの認識論・論理学、即ち正しい認識手段としての直接知覚と推論についての理論の影響下に置かれていたのが中期の特徴と言うことができる。本章では、まず、瑜伽行派の思想に対する批判として、瑜伽行派の唯心《ゆいしん》思想解釈に対する中期中観思想の批判を取り上げ解説する。

一　瑜伽行唯識学派との対立

「唯心」の解釈を巡って

瑜伽行唯識学派は、「この三界《さんがい》[一]は心のみ（cittamātra 唯心）である」と説く『十地経《じゅうじきょう》』等の「唯心」の教えを、外界の対象の非存在を意味する説として解釈する。中期中観思想のバーヴィヴェーカとチャンドラキールティはいずれも、瑜伽行派の「唯心」解釈を批判し受け入れない。彼らは、経典の「唯心」の教えを別様に解釈し、「世俗としては、認識作用（心）と同様に、外界の対象も存在する」と言うのである。

バーヴィヴェーカは、『中観心論（頌《じゅ》）』第五章二八偈《げ》cdで、経典が「唯心である」と説く目的は、外界の対象の非存在を説くためではなく、他者により構想された行為主体と享受主体を否定するためであり、それは、世俗のレベルにおいては、心以外の行為主体・享受主体は一般的に認められないからであると説明する。

チャンドラキールティも、『入中論』第六章八六偈で、「それぞれの論書の中で、非仏教徒たちは、道理によって、各々の教義として、それら人我（自己）などを

【一】「三界」とは、生死輪廻する生き物が属する三つの世界、即ち欲界・色界・無色界のことである。

説いた。しかし、それらを行為主体（作り手）とは見ない勝者（仏陀）は、心のみを世間の行為主体（作り手）と説いたのである」と述べ、自註（190, 5–8）でも、「『心のみに過ぎない』（唯心）と説くのは、まさに『心のみ』が主要なものであることを明らかにするためであって、外界の色形（対象）が非存在であることを明らかにしているのでは全くない」と説いて、瑜伽行派の「唯心」解釈の受け入れを拒否している。

世俗のレベルにおいては、バーヴィヴェーカもチャンドラキールティも、外界の対象の存在を認め、有《う》形《けい》象《しょう》知識論の立場を採っている。有形象知識論というのは、対象認識の成立を説明する理論の一つとして、心が事物の形象を持つこと、即ち認識の対象は、外界の事物それ自体ではなく、心・意識に現れたその事物の形象であると説くものである。彼ら両者は、心に現れる事物の形象は、外界の事物が原因となって現れた結果と考えるのである。後期中観思想に位置付けられるカマラシーラの『中観光明論』の説明によると、世俗として外界の対象存在を認める中観論者は、経典が説く「唯心」の教えは、外界の非存在を説いているのではなく、心が外界の事物それ自体を対象として捉えることを否定することにより、心が有形象であることを説いているに過ぎないと理解しているのだという。[12]

【12】 MĀ D159a2-4. 計良（2016: 77-78）を見よ。

世俗として外界の対象存在を認めるバーヴィヴェーカとチャンドラキールティは、経典の「唯心」の教えは外界の非存在を説くものではないと解釈し、瑜伽行派の解釈を拒否する点では等しいのだが、他方、外界・内界のすべての存在の無我の知を確立していく仕方に関しては、両者は異なる考え・立場を示し、外界の対象存在の否定を意味する「唯心」説に対しても、両者は異なる対応を見せている。このことは、また後で説明する。[3]

二　バーヴィヴェーカ

生涯・著作

バーヴィヴェーカは、チベットの伝承によると、南インドのMalyara《マルヤラ》の王族に生まれ、その地にて出家し、その後中インドに来て大乗経典とナーガールジュナの論書を学び、再び南インドに戻ってから、五〇余りの寺院の主となったと言われる。著作には、『中論』の註釈書『般若灯論《はんにゃとうろん》』（*Prajñāpradīpa*）、『中観心論（頌）』（*Madhaymakahṛdaya (kārikā)*）、『大乗掌珍論《しょうちん》』（**Hastaratna*）、『中観心論』に対する註釈書である『論理の炎（思択炎《しちゃくえん》）』（*Tarkajvālā*）が挙げられる。

【3】本書一一九頁を見よ。

『中観心論』は、近年その書名とその書の段階的な成立が問題とされており、その書は最初、『入真甘露《かんろ》』(*Tattvāmṛtāvatāra*)という名で呼ばれ、また『中観心論』とも早い段階から呼ばれていたが、さらには、本書そのものが『論理の炎』(*Tarkajvālā*)と呼ばれることもあったようである。本書の成立についてはまず冒頭の三章が先行して成立し、その後第四章以下が付け加えられ、全一一章が完成したという段階的成立説が提唱され、その説には問題点が幾つか指摘されたが、その書が段階的に成立したということは概ね定説となりつつある。また、註釈書の『論理の炎(思択炎)』に対しては部分的に著者問題が指摘されており、まだ完全な解決には至っていない。

以下では、バーヴィヴェーカの中観思想の特徴とも言いうる、彼の二諦《にたい》説、特に彼の「勝義《しょうぎ》」解釈と、空性《くうしょう》論証のために彼が採用した論理学的方法とについて説明する。

バーヴィヴェーカの二諦説

バーヴィヴェーカは、『中論』第二四章八偈に対する註釈において、世間世俗の真実(世間世俗諦)の特徴を示して、それは、たとえば「色形等の事物が生起する、存続する、滅する」とか「デーヴァダッタが行く」等のような、世間的な活動（lokavyavahāra）であると説明している。

他方、究極的・最高の真実（勝義諦）に対しては、瑜伽行派の解釈の影響を受けて、中観思想史上初めて、「勝義」についての三種の語義解釈を提示している。「勝義」（paramārtha）という語は、「勝」（parama）と「義」（artha）という二語から構成される複合語である。彼は、その複合語を次の三種に解釈するのである。

（一）同格限定（karmadhāraya）複合語としての解釈
（二）格限定（tatpuruṣa）複合語としての解釈
（三）所有（bahuvrīhi）複合語としての解釈

（一）同格限定複合語としての解釈は、それは対象（artha 義）であり、勝れたもの（parama 勝）でもあるから、「勝義」を「勝れた対象」として解釈する。（二）格限定複合語としての解釈は、「勝義」を、「勝れたもの（parama）の対象（artha）」として、即ち「勝れた、概念的思惟を離れた知（nirvikalpajñāna 無分別《むふんべつ》知《ち》）の対象」として解釈する。（三）所有複合語としての解釈は、「勝義を持つもの」としてその語を解釈する。その解釈が意味するのは、次の二つである。一つ目は、勝義を対象として有する無分別知である。その無分別知は、対象は存在しないという仕方で勝義である。つまり、その無分別知は、何らかの対象を見るという仕方によって勝義を理解するのではなく、色形等のいかなる対象も全く見ない（いかなる対象も現れない、生じない）という仕方によって勝義を理解するのである。二つ目は、不生等の教説[4]とその教説の聴聞・思考・修習（瞑想）から生じる智慧（般若）である。それらは勝義を理解する手段として誤り無きもの（無《む》顚《てん》倒《どう》）だからである。

以上は、『般若灯論』が説く勝義諦の特徴である。アヴァローキタヴラタ（Avalokitavrata 観誓《かんぜい》、七〇〇年頃）の『般若灯論註』（D236b2, P282b1–2）によると、前述（一）（二）の二つの複合語解釈は「勝義的な勝義諦」（don dam pa pa'i don dam pa'i bden pa）の特徴を説き、前述（三）の複合語解釈は「慣習的な勝義（諦）」（brdar btags pa'i don dam pa）の特徴を説くものであるので、（一）（二）の解釈が意味する「対象としての勝義」が第一義的な勝義であり、（三）の解釈は、（一）（二）の解釈を前提として派生的に説かれた第二義的なものであり、世間的・慣習的に受け入れられうる意味での勝義と言えるだろう。

【4】→【後註1】参照。

バーヴィヴェーカの『中観心論』第三章では、勝義諦と世俗諦の二つに対応した二種類の智慧（prajñā 般若）が説かれ、それらの智慧は、解脱・真実の高殿（の頂き）へ登っていくための階梯であり、煩悩の薪を焼き尽くす火であると説明される（六～七偈）。二種類の智慧とは、①勝義そのもの（前述複合語解釈（二）（二）に相当）を対象とする勝義的般若（一〇～一一偈）と②正しい世俗（tathyasaṃvṛti 実世俗）を対象とする慣習的な般若（八～九偈）である。

バーヴィヴェーカの二諦説は、般若の智慧により、正しい世俗を拠り所として、そこから勝義へと登っていく階梯・プロセスを説き示そうとしているのである。

論理学的方法の採用

瑜伽行唯識学派の四～五世紀にかけての成立に隣接するように、ディグナーガが仏教の認識論・論理学、即ち正しい認識手段の理論体系を確立する。何を正しい認識を得るための手段として認めるかは学派により異なるが、ディグナーガ以降の仏教論理学者やバーヴィヴェーカ等の中観論者（自立論証《じりつろんしょう》派）は直接知覚と推論の二つをその手段として認めている。

自分の考えを他者に説明し納得させるためには、自分の考えを根拠付け、合理的・客観的に正当化することが一般に戦略として求められる。そのことに気付き理解したからであろうが、その頃のインド思想界、少なくともその一部においては、正しい認識手段に依ることなしに、自派の学説の論述・論証や他派の学説の批判・論破を行うことは不可能であり認められないという雰囲気が支配的であったようである。そしてこのような思想界の雰囲気も背景にあって、六世紀頃に中観派は学派として成立したと考えられる。

何らかのグループが学派として成立したならば、それは学説（独自の主張）を持ち、それを積極的に他者に提示するであろう。バーヴィヴェーカは、中観派という学派を確立し、中観派の学説・独自の主張を積極的に提示し展開していったのであるが、これは一般に学派が行うこととしては至極当然のことと考えられる。ただ、中観思想史上そこで特徴的であったのは、彼が、中観論者としては初めて、学説の積極的な提示のために、論理学的方法を採用したということであろう。彼は、「勝義として、諸事物は無自性（空）である」という命題を、ナーガールジュナを始祖と仰ぐ中観派独自の主張とし、それを推論によって積極的に論証していったのである。中観派独自の主張としてのその命題を積極的に論証する独自の推論――これを svatantrānumāna（自立論証）と言う――を用いたので、バーヴイヴェーカと彼に始まる中観派の系譜は、後代のチベット仏教において、「自立論証派」として分類される。

さて、バーヴィヴェーカが用いたその独自の推論は、ディグナーガの認識手段（推論）の理論に依拠し、それを応用したものであった。バーヴィヴェーカが中観派の学説の論証、即ち空性論証において提示する推論式の基本形の一例として、『般若灯論』で最初に出される自不生の推論式を見てみよう。

〔主張命題：〕勝義において、諸内処（感官）は、それ自体から生起しない。

〔論証因：〕現に存在するから。

〔喩例：〕たとえば、精神性（サーンキャ学派が説く純粋精神プルシャ）のごとし。

バーヴィヴェーカの空性論証の推論式の特色は、既に江島（1980）（1982）において次の三点に纏められている。

（Ⅰ）主張命題が「勝義において」という限定づけをもつこと。

（Ⅱ）否定判断は全て非定立的否定（prasajyapratiṣedha）であると規定されていること。

（Ⅲ）異類例が存在しないこと。

右の推論式の特色三点の内、特色（Ⅰ）はここ以降の本書の内容の理解に必要となるので、特色（Ⅰ）についてだけ、簡略に説明することにする。

空性論証の推論式は、バーヴィヴェーカの二諦説においては、「勝義」の所有複合語としての解釈の二つ目、即ち不生等の教説（論述）に相当し、それは「勝義をもつもの」「勝義に適合するもの」「勝義を理解する手段」という意味での勝義に位置付けられる。彼の推論式の主張命題がもつ「勝義において」という限定詞は、まずそのことを示している。つまり、その推論式が、単に世俗的な事柄を内容として扱うのではなく、勝義に向けて、勝義を理解するための手段として構成されたものであることを示しているのである。

次に、主張命題がもつ「勝義において」という限定詞は、その主張命題に対して対論者が世間世俗的な立場から何らかの誤謬を指摘することはすべて無効であることを示す働きを持っている。この限定詞は、空性・不生の推論が働く論理の場を示し、その推論が世俗の場で世俗的な事柄を内容としているのではなく、勝義の場・レベルで勝義の事柄について論証しようとしていることを示しているからである。

対論者は、バーヴィヴェーカが主張する「事物は不生である」等の命題は現実に直接経験される事柄（たとえば、「芽は種から生じる」等）と矛盾する事柄を主張しているので、その主張命題は直接知覚によって排斥・無効化されるという誤謬を指摘したり、同様に、その主張命題は一般的に成立し認められた事柄によって、あるいはまた、仏教徒が奉ずる聖典の内容や自らが承認した説によって排斥・無効化されるという誤謬を指摘したりする。しかしながら、バーヴィヴェーカにとってすれば、それらの誤謬の指摘が世間世俗的な事柄に関するものであるかぎり、「勝義において」という限定詞付きの主張命題を排斥・無効化することはあり得ないのである。その主張命題は、勝義を内容としているのであり、世間世俗的な事柄を内容としてはいないからである。

主張命題に「勝義において」という限定詞を付けるというバーヴィヴェーカの考えはそれ自体としてユニークで興味深いのだが、この限定詞の機能についての彼の説明には、不明な点もある。たとえば、この限定詞は主張命題中のどの語句を限定するのか、彼は明確な説明を与えていない。それゆえ、この限定詞の機能は様々な問題点を含み、後に瑜伽行派の学者スティラマティ（Sthiramati 安慧《あんね》、五一〇～五七〇頃）やダルマパーラ（Dharmapāla 護法《ごほう》、五三〇～五六一）によって批判されることとなる。（彼らによる批判の説明は割愛する。）また、中観論者チャンドラキールティもこの限定詞の機能について批判を繰り広げている。この限定詞に関する中観思想展開史に予め少々触れておくならば、後期中観思想に位置するジュニャーナガルバが（彼がチャンドラキールティの批判を実際知っていたのかどうかを文献学的に明らかにすることは困難であるが）バーヴィヴェーカにおいてあまり明瞭ではなかったこの限定詞の働きを解釈し、中観派が論証する命題の論理的文法的な構造を明らかにするのである。このことはまた後で説明する。[5]

ブッダパーリタ批判

最後に、バーヴィヴェーカの論理学的方法の採用に関連して、彼のブッダパーリタ批判についても簡略に触れておこう。バーヴィヴェーカは論理学的方法を採用することによって、『中論』註釈書『般若灯論』や他書を著したのであるが、『中論』に対する註釈方法、突き詰めれば空性論述方法に関して、彼は彼に先行

【5】本書一〇八頁を見よ。

するブッダパーリタの『中論』註釈書を批判している。その批判を纏めるならば、彼はブッダパーリタの註釈に対して、次の三つの問題点を指摘している。

①その註釈は推論式の形式・体裁を整えていない。
②対論者が提出・指摘する（であろう）批判・誤謬を斥けていない。
③対論者からの批判を受け入れてしまう論理的な隙間をもった言明であるから、その言明からは中観派に不都合な結論が導出される可能性を持つ。

空性思想をどのように表現・論述するべきか、これを問題としてバーヴィヴェーカはブッダパーリタの註釈方法を批判したのだが、バーヴィヴェーカのその批判に対して、今度はチャンドラキールティが、同様に空性論述方法を問題にすることにより、ブッダパーリタの立場を弁護し、逆にバーヴィヴェーカの論理学的方法・推論式を批判していく。

では、バーヴィヴェーカの論理学的方法についての説明はここまでとし、次に、彼の論理学的方法・推論式を批判したチャンドラキールティの中観思想を見ていくことにする。

三　チャンドラキールティ

生涯・著作

チャンドラキールティ（六〇〇～六五〇頃[6]）は、チベットの伝承によると、南インドのSamanta《サマンタ》（或いはSamana《サマナ》）に生まれたと言われる。ターラナータ著『インド仏教史』では、彼はその地において出家し、バヴヤ（Bhavya＝Bhāviveka）の弟子たちとブッダパーリタの弟子カマラブッディ（Kamalabuddhi）からナーガールジュナの著作等を学び、ナーランダー僧院の座《ざ》主《す》となったという。

彼の著作として認められるものには、『入中論』（*Madhyamakāvatāra*）、『中論』の註釈書である『明句論』（*Prasannapadā*）、『七十空性論註』（*Śūnyatāsaptativṛtti*）、『六十頌如理論註』（*Yuktiṣaṣṭikāvṛtti*）、『菩薩瑜伽行四百論広註』（*Bodhisattvayogācāracatuḥśatakaṭīkā*）、『中観五蘊論』（**Madhyamakapañcaskandhaka*）がある[7]。

【6】LINDTNER（1979）と岸根（2001）は、チャンドラキールティの生存年代を五三〇～六〇〇年頃とする。

【7】池田（1985）と岸根（2001）は、『中観五蘊論』の書全体をチャンドラキールティの作と見なすことに疑問を呈している。他方、横山（2016）とYOKOYAMA（2021）は、この書全体を彼の作と見なす考えを提示している。

ブッダパーリタの立場の弁護

バーヴィヴェーカの空性論証における独自の推論に対するチャンドラキールティの批判を見る前に、彼がブッダパーリタの立場を弁護したことに触れておく。先にバーヴィヴェーカのブッダパーリタ批判三点①②③を挙げた。まず批判①で、バーヴィヴェーカは、ブッダパーリタの註釈に対して、①推論式の形式・体裁を整えていないと批判していた。その批判①に対して、チャンドラキールティは次のように答える。推論式の形式で対論者の論証を論駁してもその効果は余り期待できない。推論式で論駁しても、恥知らずで高慢な対論者は、中観論者の考えを受け入れることはないからである。論駁効果が見込めない推論式の形式・体裁を、ブッダパーリタの註釈に対してバーヴィヴェーカが求めるのは、彼が単に推論式を偏愛しているにすぎない。

次に、批判②、即ちブッダパーリタは対論者が指摘する（であろう）批判・誤謬を斥けていないという批判に対しては、チャンドラキールティは次のように答える。中観論者は独自の推論によって独自の主張を定立すべきでない。独自の主張を定立しない場合、その主張に対する対論者からの批判・論駁・誤謬の指摘はあり得ない。中観論者は、独自の推論によって独自の主張を定立するのではなく、対論者の主張命題や論証因に従って考えると、対論者にとって望ましくない帰結(prasaṅga プラサンガ)が導出されることを示すべきであり、それこそが中観論者の批判・論駁方法である。だから、このプラサンガの導出による論駁に終始しているブッダパーリタの方が、バーヴィヴェーカよりも高く評価されるべきである。このプラサンガの導出方法は、チャンドラキールティが仏教論理学者ディグナーガの説明・原則(PS 3-14, 17)に従ったものと見なされ得る[8]。

プラサンガの導出によって対論者の論証を論駁し、対論者を空性思想へと導く立場・方法から、ブッダパーリタとチャンドラキールティの中観思想の系譜は、後にチベット仏教において、バーヴィヴェーカ等の自立論証派に対して、帰謬《きびゅう》論証派として分類される。

チャンドラキールティはバーヴィヴェーカが採用する独自の推論(自立論証)の採用を拒否する。しかし、彼は推論式を構成すること自体を拒否しているわけではない。彼はブッダパーリタの註釈文を推論式に書き換え、註釈文を論理学的に説明することによっても、ブッダパーリタの立場・註釈を弁護するのである。ただし、チャンドラキールティが書き換え提示する推論式は、仏教論理学者ディグナーガが説く正しい推論の原則に従ったものとは言えない。仏教論理学では、

【8】吉水(2010)を見よ。

推論における論証因と主題（論証因等の属性が所属し成立する場としての基体）は立論者と対論者の双方にとって共通に成立するものでなければならないという原則（PS 3–11）があるのだが、チャンドラキールティが提示する推論式の論証因等は対論者にとってのみ成立するものであり、ゆえに、それは他者（対論者）にとって成立した（paraprasiddha）事柄による推論であり論駁なのである。これは、チャンドラキールティが、ディグナーガが説く「論証因等の共通成立」の原則に従わない誤りを犯していると考えるよりも、中観論者が採用すべきと彼が考える批判・論駁方法の立場から、ディグナーガのその「共通成立」の原則に対して修正を要求し、対論者にとって成立した事柄による推論こそが中観論者が採用すべき正しい推論であり正しい論駁であると考えていると理解すべきであろう。[9]

最後に、批判③、即ちブッダパーリタの註釈は対論者からの批判を受け入れてしまう論理的な隙間をもった言明であるから、その言明からは中観派にとって不都合な結論が導出される可能性をもつという批判をバーヴィヴェーカは述べたが、その批判に対しても、チャンドラキールティは、ブッダパーリタを弁護し、バーヴィヴェーカを批判する。チャンドラキールティによると、中観論者は、独自の主張を定立せず、対論者にとって成立した事柄を述べているだけなので、その言

【9】吉水（2010: 126–127）。

明から導出されるであろう不都合な結果というのは、中観論者に結び付くことはなく、対論者にのみ結びつくのである。

このように、自ら独自の主張を定立せず、対論者にとって成立した論証因等に従って対論者を論駁するのが中観論者が採用すべき正しい論駁方法であると考え、そしてその方法に、ブッダパーリタが採用した方法は一致すると解釈することにより、チャンドラキールティはブッダパーリタの方法を高く評価するのである。

バーヴィヴェーカの推論式に対する批判

バーヴィヴェーカの独自の推論（自立論証）に対するチャンドラキールティの批判、特に、その推論式の主張命題がもつ「勝義において」という限定詞の使用に対する批判を主に見ていこう。バーヴィヴェーカはその限定詞が何を限定しているのかを明確に説明していないため、チャンドラキールティはその限定詞が限定するであろう事柄を想定しながら、次の二つの批判を述べる。

（一）その限定詞は、使用目的が不明であるので、無用である。

（二）「基体不成立」等の論理学上の誤謬が生じる。

まず、批判（一）であるが、バーヴィヴェーカによれば、その限定詞は、勝義において事物は空・不生であることを論証するために、そして事物の世俗における存在・生起は否定されないことを示すために使用されたのであった。事物の世俗における存在・生起も否定されるならば、中観派自身の承認説（等）との矛盾により、その主張命題は排斥・無効化されてしまうからである。しかしながら、先に引用したバーヴィヴェーカの自不生の推論式の主張命題「勝義において、諸内処（感官）は、それ自体から生起しない」を例にすると、感官等の諸事物がそれ自体から生起することは、勝義においてのみならず、世俗においてさえも承認されないことである[10]。また、「その限定詞は対論者（サーンキャ派）の学説を勝義において否定するために使用されたのである」とそれの使用目的・限定対象を考えるとしても、それも正しくないのである。そのサーンキャ派の学説は、世俗においてさえも正しくないので、勝義と世俗との両方において否定されるべきだからである[11]。そして、サーンキャ派等の学者ではない世間一般の人々が「事物はそれ自体から生起する」と考えることなどないのである。そう考えているならば、それを勝義において否定する目的で限定詞を使用することは有効であろうが、しかし実際世間の人々はそう考えてはいないのである。というのは、世間の人々は「事物は自体から生起するのか或いは他体から生起するのか」という考察など行

【10】 PsP_M 168, 2-5.
【11】 PsP_M 170, 5-9.

わないものであり、「原因から結果は生じる」と単にこのように考えるものである。ゆえに、バーヴィヴェーカの限定詞は使用目的が不明であり、ゆえに無用である、とチャンドラキールティは批判するのである。

次に、批判（二）。これを解説するためには、インドの論理学について少し説明する必要があるだろう。これは空性論証ではないが、「あの山に火がある。煙（燃焼により発生する煙のこと）があるがゆえに。竈《かまど》のごとし。」という推論式を例にしてまず説明しよう。その推論式中の「あの山に火がある」が主張命題、「煙がある（こと）」が論証因、「竈」が喩例である。インドの論理学において命題文は、西洋の伝統的論理学（名辞論理学）においてのように「主語概念と述語概念との結合関係（繫辞《けいじ》による繫ぎ合わせ）」で示されるのではなく、「属性（dharma法）と属性保持者（dharmin 有法／属性の基体）の関係」で示される。「あの山に火がある」という主張命題において、「あの山」は、「火がある（こと）」（火の有性）という属性が所属する（すべき）基体・属性保持者であり、それはまた論証の主題（pakṣa）とも言われる。その主張命題は、「火がある（こと）」（火の有性）という属性・性質が「あの山」に所属することを論証しようと意図して立論者が主張した命題なのである。立論者は、意図した論証を成功させるために論証因を提示するが、インドの論理学において、正しい論証因は三つの条件（因の三相）満たしたものでなければならないと考えられている。[12] 三条件の内、ここでは、批判（二）に関係する第一条件のみを説明する。第一条件は、「主題所属性」（pakṣadharmatva）と言われ、論証因が主張命題の主題の属性として成立することが確認・証明されなければならないという条件である。私たちは「煙があるところには火がある」という含意関係を経験上正しいものとして受け入れている。「あの山」という主題において論証因「煙がある（こと）」（煙の有性）という属性が成立することが確認・証明されたならば、「煙がある（こと）」が含意する「火がある（こと）」という論証されるべき属性（sādhyadharma）もその主題において成立することになり、意図した論証は成功する。しかし、論証因が主題において成立しないならば、論証されるべき属性も主題において成立せず、意図した論証は不成功となる。インドの論理学では、この場合、その論証因に対して「不成立」（asiddha）という誤謬が指摘されることになる。

さて、批判（二）であるが、バーヴィヴェーカの独自の推論として提示された自不生の推論式を例として再度用い、その批判を解説しよう。

【12】 因の三相については、桂（1984）、梶山（1974）を見よ。

〔主張命題：〕勝義において、諸内処（感官）は、それ自体から生起しない。
〔論証因：〕現に存在するから。
〔喩例：〕たとえば、精神性のごとし。

チャンドラキールティは、バーヴィヴェーカの推論式に対して、「基体の不成立」（asiddhādhāra）という主張命題の誤謬と「所依の不成立」（āśrayāsiddha）という論証因の誤謬とを指摘する。これは次の理由による。「勝義において」という限定詞は、勝義において事物が空・不生起であることを論証するために、そして世俗において事物の存在・生起は否定されないことを示すために使用されたのであるとバーヴィヴェーカが言うならば、彼にとって、勝義において、「諸内処（感官）」という主題・属性の基体の存在は認められないはずである。その「諸内処（感官）」自体が勝義において非存在・不成立であるから、それを主題として含む主張命題も成立しないことになる。また同様に、「現に存在する（こと）」という論証因が、非存在・不成立であるその主題において成立することはあり得ないから、論証因は「不成立」という誤謬を持つことになるのである。

もしバーヴィヴェーカが、世俗として眼等の感官は存在するからそのような誤謬はないと考えるならば、この「勝義において」という限定詞は何を限定しているのか。もしその限定詞は「生起しない」という生起の否定を（「勝義において……ない」という形で）限定しているというならば、「世俗的な眼等には勝義において生起はない」と表現されるべきであろう。しかし実際そのようには表現されていない。そして、そのように表現されたとしても、「眼等（の感官）」という主題は、立論者（バーヴィヴェーカ）と対論者とでは意味が異なっている。つまり、対論者（実在論者）にとっては、「眼等」は実体として存在するものとしてのみ認められるのに対して、立論者（バーヴィヴェーカ）にとっては、それは、勝義として空・非存在であるが、世俗として眼等として名付けられ表示された（概念設定された）だけのものである。ゆえに、対論者にとっては、立論者が意図する意味の主題は不成立であるから、対論者からすれば、立論者側の主題・基体は不成立であるという誤謬があることになる。さらに、「世俗的な眼等」という主題・基体の存在は、「勝義において生起はない」と生起の否定を誤り無く正しく理解している状態の知者においては、あり得ない（成立し得ない）はずである。生起の否定を誤り無く理解している知者は、眼等の主題も不生起・非存在として理解するはずである。その主題を存在すると理解することは、勝義・真実には無いものを有ると理解する誤りに他ならない。知者の誤り無き状態において、そのように誤って理解されたものがあるはずはない。だから、知者のその状態において、どうして誤って理解された「世俗的な眼等」が存在するであろうか。それは存在し得ないから、その主題・基体は不成立である。

チャンドラキールティの批判（二）は右のように要約できるだろう。彼が対論者の学説に対する中観論者の批判・論駁方法として採用したプラサンガの導出は、ディグナーガのプラサンガの説明に従ったものと考えられるが、それは、対論者の主張命題や論証因に従って考えると、対論者にとって望ましくない帰結（プラサンガ）が導出されるという論駁方法であり、そこでは、立論者自身が認める主張命題が積極的に論証されることはなく、またそのプラサンガの導出において用いられる主題等は、対論者の学説に従って仮に説かれただけのものなので、立論者自身が認める主張命題の主題・基体が不成立であるという基体不成立の誤謬は問題とされない。それに対して、バーヴィヴェーカの独自の推論では、基体不成立の誤謬が発生するので、バーヴィヴェーカはディグナーガが説く正しい推論の規則に従っていないとチャンドラキールティは批判しているのである。

中観派が自ら認める主張命題を積極的に論証しようとする空性論証においては、

基体不成立の誤謬は重大かつ深刻な問題となる。中観思想展開史において、この誤謬の回避問題は、後期中観思想に引き継がれ、八世紀末に著されたカマラシーラの『中観光明論』において、その誤謬回避方法が詳しく論じられることになる。[13]

【13】KEIRA（2004）を見よ。

チャンドラキールティの二諦説

チャンドラキールティの二諦説は『入中論』「第六発心（現前地）」章に詳しく説かれている。そこでの説明を要約して以下に示すことにする。まず、勝義と世俗という二諦と両者の関係について、『入中論』同章二三偈と自註は次のように説明する。内界と外界の一切の事物は、世俗と勝義という二重の性質(rūpadvaya; ngo bo gnyis; rang gi ngo bo rnam pa gnyis; rang bzhin de gnyis)を持つ。その内、勝義とは、正しく見る方（仏陀たち）の特別な知の対象であり、それは真実（tattva）であり、勝義諦のことである。他方、世俗とは、幼稚で凡愚なる者（無明という眼病によって智慧の眼がすべて覆われた者）が虚偽に（正しくなく）見る対象であり、それは世俗諦のことである。二諦はどちらも事物（縁起するもの）に属する性質であり、ゆえに、勝義も世俗も事物から離存した別の領域や世界のことではない。

「勝義」という語についての彼の説明は、バーヴィヴェーカのそれとは異なり、複合語解釈により勝義が三種に分けられることはない。『中論』第二四章八偈に対する彼の『明句論』の註釈においては、「それが勝れたものでもあり、対象でもあるから、勝義である」という同格限定複合語としての「勝義」解釈が示され、それ以外の解釈は示されていない。しかし、右に言及したとおり、勝義を、「正しく見る方の特別な知の対象」、即ち「勝れた知の対象」と見なすのは、格限定複合語としての「勝義」解釈であるから、チャンドラキールティは、所有複合語としての解釈以外の二種の複合語解釈が意味する「対象としての勝義」という解釈は受け入れていることになる。

勝義自体については、彼は『中論』第一八章七偈と九偈の説明に従っている。

〔勝義においては〕言語表示されるべきもの（言葉の対象）は止滅する。心の対象領域が止滅する〔から〕。というのは、ものの本性（法性）は、涅槃《ねはん》のように、不生であり不滅であるからである。（一八章七偈）

他に依っては知られず、寂静であり、〔さまざまな〕言葉によって概念化されず、概念的思惟を離れ、多義でない。これが真実の特徴である。（一八章九偈）「言語表示・心（や知）の機能とその対象の止滅」（ゆえに、不可説、言葉で説き得ない）、「不生・不滅」、「寂静」、「戯論寂滅」（概念化・概念的拡散の止滅）等以外にも、勝義（勝義諦）の説明としては、バーヴィヴェーカによる説明に類似して、「〔それは〕見ないという仕方で見られる」という説明も見られる。[14]

さて、チャンドラキールティは、虚偽（不正）に見る凡愚なる者の中にも、六根（感覚・思考の器官）に障害を持つ者・持たない者という二種の者がいることから、それらの者たちが見る対象としての世俗も二種であると言う。六根に障害の無い者が見る対象としての世俗は、「世間からして正しいもの」(lokata eva satyam) であり、六根に障害を持つ者が見る対象としての世俗は、「世間からして偽（邪）なるもの」(lokata eva mithyā) である。

六根は、眼（視覚器官）・耳（聴覚器官）・鼻（臭覚器官）・舌（味覚器官）・身（触覚器官）・意（思考器官）である。六根中の意に関して、それの障害の原因となるものには、不正なる者が作成した哲学思想の教義等や誤った推論（疑似推論）が含まれる（六章二四〜二五偈）。だから、それらによって害された思考器官

【14】 MAtBh 110, 14.

を持つ者が考える世俗は、「世間からして偽なるもの」となる。六根の障害のゆえに構想されたもの、即ち非仏教徒たちによって構想されたもの（たとえば、サーンキャ派の学説）や幻・陽炎等に対して構想されたもの（たとえば、実在すると構想された水等）は、世間からしても非真実（atattva）なのである（同章二六偈）。

このように、チャンドラキールティは、バーヴィヴェーカとは異なり、世俗を二種に明瞭に分け、非仏教徒たちによって構想されたもの等を、世間からしても正しくない、偽（邪）なるものとして位置付けるのである。

また、チャンドラキールティは、「世俗」（saṃvṛti）の意味について、それまでの中観論書には見られない語源学的解釈を採用している。彼は、『入中論』（第六章二八偈）と『明句論』（492, 10–11）において、世俗を、暗愚（moha）・無明（avidyā）・無知（ajñāna）と解釈する。それは、彼が、saṃvṛti（世俗）をsamantād varaṇa（あまねく覆うもの）、即ち「覆障《ふくしょう》」と語源学的に解釈し、そこから、「あまねく一切の事物の真実・本性を覆う無明・無知等」という世俗の意味を導出するからである。[15] ただし、世俗を無知またはそれと同等のものと見なす解釈それ自体は、四世紀頃に著されたと考えられる『中論』註釈書『無畏論』（*Akutobhayā*）中の、『中論』第二四章八〜九偈に対する註釈（D89a1–2）に見付

【15】『阿毘達磨大毘婆沙論（あびだつまだいびばしゃろん）』（大正27, 548b21–22）によると、この解釈は、本来、文法学者（śābdika 声論者）による解釈であったようである：声論者説此世俗智為諸無知之所覆蔽。如器中物器所覆蔽。故名世俗。

けられるのだが、バーヴィヴェーカは、世俗を無知等と見なす解釈は採用していないようである。さらに、『明句論』でのチャンドラキールティは、「世俗」を無知・無明と見なす語義解釈に加えて、「相互〔依存的に〕生じること」(parasparasaṃbhavana)という「世俗」の第二の解釈、そして「言語協約(saṃketa)・世間の言語慣習(lokavyavahāra)」という第三の解釈を提示している[16]。

【16】→【後註2】参照。

世俗諦について、チャンドラキールティは、『入中論』(第六章三五偈cd)で、「世間の言語慣習の真実(lokavyavahārasatya)について分析すべきではない」と述べ、世俗のことは、世間の見解、即ち世間において一般に認められていること(lokaprasiddha 世間極成《せけんごくじょう》)に従い、承認すると述べている。このことから、世俗に関する彼の思想的立場は、後にチベット仏教で考案された区分では、「世間において一般に認められていることに従い認める中観派」('jig rten grags sde spyod pa'i dbu ma pa 世間極成行中観派)に分類されている。

彼の二諦説においては、認識主体の正・不正の見方や認識主体の能力に応じて、その認識対象が世俗または勝義として説かれ、そして凡愚なる者が真実(諦)であると見る世俗(世間世俗諦)と仏陀たちが見る勝義、即ち本性(自性=空性)そのものとの中間に、聖者（菩薩等）たちの認識対象としての唯世俗《ゆいせぞく》（saṃvṛtimātra）とその唯世俗の本性が空であると理解するところの聖者たちの勝義が説かれる。「唯世俗」とは、チャンドラキールティ独自の用語であるが、それは、事物を自性を持つものと見て、真実であると執着する世間の凡愚なる者たちが持つ「執着・煩悩（という障害）によって汚れた無明」が除去され、事物を、自性を持つものや真実としてではなく、影像や幻のように見る聖者（菩薩等）たちの認識対象としての世俗である。[17] 彼の二諦説においては、この聖者たちの唯世俗と勝義が媒介になって、凡愚なる者が真実であると見る世俗（世間世諦）から仏陀たちが見る勝義（本性そのもの）までが次のような相対的・上下階層的な関係にあることが示されるのである。凡愚なる者たちは、無明によって、それは自性を持たないのに自性を持つものとして、真実・勝義であると理解する。その者たちにとって勝義であるものは、聖者（「煩悩によって汚れた無明」を除去した者）たちにとっては唯世俗であり、その唯世俗の本性が空であることが、聖者たちの勝義である。そして、その「煩悩によって汚れた無明」だけでなく、「顕現する対象という断じるべき障害（所知障《しょちしょう》）を特徴とする無明」（無明の習気）[18]をも除去し、対象領域が一切全く現れず、心と心作用の活動も完全に止滅した状

【17】 MAtBh 107. 19-108. 6.

【18】 チャンドラキールティの解釈における所知障・無明の習気については、序論の【後註5】を見よ。

態の仏陀たちの勝義は、本性（自性＝空性）そのものである[19]。

バーヴィヴェーカの二諦説における慣習的般若や勝義的般若に相当するものが説かれないチャンドラキールティの二諦説においては、聖者たちが、凡愚なる者たちとは異なり、縁起する事物を唯世俗として影像や幻のように見ることと唯世俗の本性を空であると理解するところに、世俗から勝義への認識対象の変化・転換が説かれている。彼においては、この変化・転換は認識主体側の認識の変化・転換によって起きると考えられているのだが、しかしながら、同一の者に、凡愚なる者の認識から聖者等の認識への変化がどのようにして成立し得るのか、その者はどのようにして世俗から勝義へ入って行けるのか、この問題についての認識論的な合理的な説明、即ち正しい認識手段（pramāṇa）の理論に従った詳細な説明は行われていないようである。チャンドラキールティは、「世俗諦は勝義諦に入るための手段（upāya 方便）である」と述べるが[20]、勝義諦に入るのは、認識主体の認識・知の変化・転換によってであると彼が考えているならば、どのようにして勝義に入る知、即ち法無我・空性という勝義・真実の知が成立するのか、この知の成立可能性を合理的に解き明かし説明する必要があるのだが、彼においては、正しい認識手段によって自ら合理的に解き明かそうとする姿勢・態度は見ら

【19】→【後註3】参照。

【20】MAtBh 120, 1-2.

れない。そのような姿勢・態度ではなくて、むしろ彼に見られるのは、真実（勝義）それ自体の本性は知覚されないのであるから、真実を考察する場合は、聖者（見ないという仕方で真実・勝義を見る者）たちのみが認識手段・権威であるという態度[21]、即ち仏陀の言葉（経典）を正しく理解するナーガールジュナ（等）が認識手段（権威）たる人（tshad mar gyur pa'i skyes bu）であり、彼の言葉・考えが真実であると信頼して、それに従って行動しようとする姿勢・態度である[22]。

人はどのようにして世俗から勝義へ入り、聖者（菩薩）・仏陀になれるのか。中観思想は、大乗仏教として、当然この問いに答えなければならない。チャンドラキールティは、この問いに対して、正しい認識手段によって合理的な回答と説明を行うのではなく、『入中論』において修道論・実践論を展開し、中観の縁起・空性思想と実践論（『十地経《じゅうじきょう》』の十地思想と十波羅蜜《はらみつ》行）とを結び付け、仏陀の位（仏地）に至る実践的な修行行程・修行階梯を提示することにより、この問いに答えようとする。後期中観思想のカマラシーラが著した『修習次第《しゅじゅうしだい》』において見られるような、修道論・実践論をも正しい認識手段によって合理的に根拠付けようとする態度はチャンドラキールティには見られない。しかし、彼が、縁起・空性思想を修行階梯上に位置付け、仏地に至る修行階梯・実践論と有機的に

【21】MAtBh 111. 17-20. ジャヤーナンダの復註 P182a3-4 を参照。

【22】MAtBh 74. 10-76. 9.『入中論』は、ナーガールジュナが仏陀の言葉（経典）を正しく理解した者である根拠として、『入楞伽経（にゅうりょうがきょう）』等の中のナーガールジュナについての記述を引用する。MAtBh 76. 10-77. 5.

結び付いた中観思想を確立したことは、中観思想史上初めての試みであったと言えるであろう。

【後註1】バーヴィヴェーカの註釈『般若灯論』（D228a5–6, P286b1–3）とアヴァローキタヴラタの復註『般若灯論註』（D236b3–7,P282b3–8）によると、不生等の教説は、対象と対象を持つ知として解される勝義（たとえば、瑜伽行派が説く勝義）を否定することに適合した手段とされる。勝義は不生であり、対象は存在しないという仕方で理解されるべきであるから、「勝義」という語を、対象とその対象の知（たとえば、瑜伽行派が説く真如《しんにょ》という認識対象と真如を対象とする知）として理解することは正しくないのである。『中観心論』第五章一一一偈と第三章二六六偈を見よ。不生等の教説は、そのことを人に理解させる手段である。

【後註2】PsP_{LVP} 492, 11–12.「世俗」の第二解釈の意味を理解するためには、PsP_{M} 236, 10–237, 2, MACDONALD (2015b: 200; fn. 402) を見よ。この第二解釈は、相互依存的に生じる原因や結果という縁起する事物には自性的な成立（svābhāvikī siddhi）はないと見る聖者たちの知と関係しており、先に触れた「唯此縁性《ゆいしえんしょう》」(idaṃpratyayatāmātra）の考えや以下に見る「唯世俗」（saṃvṛtimātra）というチャンドラキールティ独自の考えと結びついているようである。新作（2020）参照。また、彼の第三解釈、即ち言語慣習は、言語表示（abhidhāna）と表示対象（abhidheya）、知（jñāna）と知の対象（jñeya）等を特徴とすると説明されている。

【後註3】MAtBh 108, 11–19. バーヴィヴェーカの説明に類似して、チャンドラキールティも、勝義（勝義諦）は、「見ないという仕方で見られる」と説明するが、彼は、否定対象としての自性ではなく、凡愚なる者が見る対象ではない、事物の勝義の性質・自性そのもの（rang bzhin 'ba' zhig）、空性を特徴とする自性（ジャヤーナンダの復註P260a8）、あるいは法性とも解されるべき自性（本性）を積極的肯定的に認め、それを仏陀たちは直接的に見て理解するのだという点を、バーヴィヴェーカや後期中観思想のカマラシーラとは異なり、重視し強調しているようである。MAtBh 108, 8–11, 201, 10–19, 306, 4–8, そして 307, 9–308, 5 を見よ。

第三章　後期中観思想

八世紀以降の後期中観思想の中心となるのは、仏教論理学派のダルマキールティの正しい認識手段の理論の影響を受けた、ジュニャーナガルバ、シャーンタラクシタそしてカマラシーラの中観思想である。[1] 彼らは、後にチベット仏教において、インド東方（ベンガル地方）出身の後期中観思想の最も重要な三人の師として「東方自立の三」（rang rgyud (gyi) shar gsum）と呼ばれている。[2]

一　ジュニャーナガルバ[3]

生涯・著作

インド・チベット仏教史において、ジュニャーナガルバという名前の人物は少なくとも三名いるのだが、本書で扱うのは、『二《に》諦《たい》分《ふん》別《べつ》論《ろん》』

【1】　後期中観思想に位置付けられる論者には、シャーンティデーヴァ（Śāntideva 寂天、六九〇～七五〇頃）、アティシャ／ディーパンカラシュリージュニャーナ（Atiśa/Dīpaṃkaraśrījñāna 九八二～一〇五四）等もいるが、本書では割愛する。

【2】　→【後註1】参照。

【3】　本節の内容は、主として、KEIRA（2022）に基づく。

(*Satyadvayavibhaṅgavṛtti*) の著者である。【4】

チベットの伝承では、ジュニャーナガルバは、Odiviśa《オーディヴィシャ》（現在東インドのOrissa《オリッサ》）出身で、シャーンタラクシタの師だったとされる。【5】シャーンタラクシタと彼の弟子カマラシーラはジュニャーナガルバの『二諦分別論』から強い影響を受け、その上で彼ら自身の中観思想を確立している。ジュニャーナガルバは、独自の推論（svatantrānumāna 自立論証《じりつろんしょう》）によって空性《くうしょう》論証を行うことを企てて推論式の主張命題に「勝義《しょうぎ》において」という限定詞を採用したバーヴィヴェーカの論理学的方法をさらに発展させており、その点でも、中観思想史上、重要な人物である。後のチベット仏教において、ジュニャーナガルバは、バーヴィヴェーカと同様、自立論証派にしばしば分類されている。ただし、両者の思想・立場には異なる点もある。バーヴィヴェーカはディグナーガの正しい認識手段の理論に依拠し、そして瑜伽行派の学説に対立し攻撃的であったのに対して、ジュニャーナガルバは、ダルマキールティの正しい認識手段の理論に依拠し、そしてシャーンタラクシタとカマラシーラが、説一切有部《せついっさいうぶ》・経量部《きょうりょうぶ》・瑜伽行唯識派《ゆがぎょうゆいしき》の思想を解釈し序列化し、一つの一貫した中観思想体系にそれらを組み入れた八世紀の統合的な思想への最初の変化を形成した中観論者である。

【4】松本（1978: 109-110），SEYFORT RUEGG（1981: 69, fn. 224），御牧（1988: 248-249）等を見よ。

【5】SCHIEFNER（1869: 198-199），松本（1978: 111），SEYFORT RUEGG（1981: 69, fn. 225）.

ジュニャーナガルバの著作には、主著と見なされる『二諦分別論』がある。シャーンタラクシタはこれに復註（*pañjikā* 細疏《さいそ》）を著している。『二諦分別論頌《じゅ》』（*Satyadvayavibhaṅgakārikā*）もジュニャーナガルバに帰されるが、現代の研究者たちは、それを彼自身による一つの独立した作品とは考えておらず、『二諦分別論』が編集された時、それから詩頌だけが抽出されたものと考えている[6]。その主著の他、『無《む》辺《へん》門《もん》成《じょう》就《じゅ》陀《だ》羅《ら》尼《に》釈《しゃく》偈《げ》』（*Anantamukhanirhāradhāraṇīvyākhyānakārikā*）とそれに対する自註（*ṭīkā* 広釈《こうしゃく》）も、『二諦分別論』の著者ジュニャーナガルバによる作品である。『瑜《ゆ》伽《が》修《しゅ》習《じゅう》道《どう》』（*Yogabhāvanāmārga*）も、『二諦分別論』の著者の作品であることを否定する特別な理由は無いと思われるので、その著者の作品と考えて良いであろう[7]。

【6】松本（1978: 135, n. 2）, AKAHANE (2013: 93-93, n. 2).

【7】→【後註2】参照。

ジュニャーナガルバの二諦説

『二諦分別論』一〜二偈《げ》とその註釈において、ジュニャーナガルバは著作の動機・意図等を説明する。ナーガールジュナは、『中論』第二四章八〜九偈において、「二諦に依拠して、諸仏は教えを説く。……二諦の区別を理解しない者たちは、仏陀の深遠な教説における真実を理解しない」と説いたが、ジュニャーナガルバによると、非仏教徒のみならず、ダルマパーラ、スティラマティ、デーヴェンドラブッディ（Devendrabuddhi 七世紀頃）、シャーキャブッディ（Śākyabuddhi 六六〇〜七二〇頃）等の仏教徒も二諦の区別を誤解している。だから、自分は『二諦分別論』を著すのであるとその動機を述べている。ジュニャーナガルバによると、二諦の区別を正しく理解する者は、仏陀の教えを誤解せず、功徳と智慧の集積（puṇyajñānasaṃbhāra）を築き上げ、自利と利他を完成し、一人の仏陀に成るという目標・彼岸に到達する。一人の仏陀に成るという大乗仏教徒の理想実現のためには、二諦の区別を正しく理解することが必要なのである。

勝義諦

ナーガールジュナは『中論』第一八章七偈と九偈で真実・勝義の特徴を説明した。[8] 勝義は概念化（戯論《けろん》）を離れ、戯論が寂滅しており、そこでは言葉の対象は止滅している。ゆえに、勝義自体は言葉で説き得ず、不可説である。彼が説く「戯論寂滅」「不可説」等という勝義の特徴に従って、ジュニャーナガルバも、『二諦分別論』で、真実・勝義は「概念化を離れた（一一偈b）」、即ち「一切の概念化作用の網を離れた（同偈bの註釈）」ものであり、「そこ（勝義）において

【8】本書五一頁と八九頁を見よ。

は、表現されるべきものは全く無い（同偈の第五中間偈ab）」等と説明し、また、七偈に対する自註では、「勝義諦とは、そこでは心さえも働かないもの」等と説く『無尽意《むじんに》経』（*Akṣyamatinirdeśa*）の文を引用している。

他方、ジュニャーナガルバは、「〔勝義は〕いかなる知においても全く現れない（五偈ab）」ことも強調する。五偈cdに対する自註によれば、勝義は、一切智者（sarvajñā）の智（仏陀の智）においてさえも現れない。ゆえに、『法集《ほうじゅう》経』（*Dharmasaṅgītisūtra*）の中で、「**いかなるものも見ないことが真実を見ることである**」と説かれるのであるという。[9]

「勝義はいかなる知においても全く現れない」という彼の考えは、『法集経』のこの文に対する瑜伽行派の解釈を彼が批判・拒否する際の主要な理由となっている。瑜伽行派のその解釈は、その派の三種の存在のあり方についての理論、即ち三性《さんしょう》（trisvabhāva）説に基づいて行われるので、瑜伽行派のその解釈の理解に必要な、三性説と三種の無自性性の理論、即ち三無性《さんむしょう》（trividhā niḥsvabhāvatā）説とを、ここで説明しておく。

三性と三無性の教説は、どちらも本来瑜伽行派が学説として採用しているものである。瑜伽行派は、『般若経』等が説く空《くう》・無自性《むじしょう》説を、了義《りょうぎ》（nītārtha）文字

【9】→【後註3】参照。

通りの意味（yathārutārtha）で理解して良い教説のその文字通りの意味）を説くものとは見なさず、未了義《みりょうぎ》（neyārtha 文字通りの意味では理解するべきではない教説の意味）を説くものと見なし、その教説は文字通りの意味とは別の意味（arthāntara）である三無性を意図して説かれた密意（趣）（abhiprāya）説（文字通りの意味とは別の意味を意図して説かれた説）であると言う。その別の意味として説かれた三無性とは、三種の無自性性という意味であり、即ち、生起の無自性性（utpattiniḥsvabhāvatā 生無性《しょうむしょう》）・特徴の無自性性（lakṣaṇaniḥsvabhāvatā 相《そう》無性）・勝義の無自性性（paramārthaniḥsvabhāvatā 勝義無性）の三種である。瑜伽行派によれば、三無性は三性（三種の存在のあり方）、即ち、他に依るあり方（paratantrasvabhāva 依他起性《えたきしょう》）・構想されたあり方（parikalpitasvabhāva 遍計所《へんげしょ》執性《しゅうしょう》）・完成されたあり方（pariniṣpannasvabhāva 円成実性《えんじょうじつしょう》）を基盤として成立する。生起の無自性性は、他に依るあり方（縁起するあり方）に基づき成立し、原因・条件という他のものに依拠して生じるものには、そのもの自体によって自ら生じるあり方（本性）が無いことを意味する。特徴の無自性性は構想されたあり方に基づき成立し、構想されたものには構想された通りの特徴・本性が無いことを意味する。構想されたあり方は、他に依るあり方のものの上に何らかの本性・特性が構想・捏造されることにより成立するあり方である。そして勝義の無自性性は完成されたあり方（他に依るあり方のものが構想されたあり方を離れたあり方）に基づき成立し、完成されたあり方は他に依るあり方の諸法の真実のあり方（tathatā 真如《しんにょ》）であり、それは聖者の知（勝れた知）の対象（義）であるから、勝義であり、勝義は一切法無我・無自性性によって特徴付けられるから、勝義の無自性性である。瑜伽行派は、構想されたあり方は本来非存在であるが、その構想されたあり方が成立する基盤としての他に依るあり方のものと、それが構想されたあり方を離れたところの完成されたあり方との二つは実在すると考えるのである。

さて、瑜伽行派は、先の『法集経』の一文「いかなるものも見ないことが真実を見ることである」を次のように解釈する。いかなる構想されたあり方も見ないことが勝義を見ることであり、勝義とは、完成されたあり方、即ち「構想されたあり方を離れた他に依るあり方」と瑜伽行派が定義するあり方である。瑜伽行派は、完成されたあり方の現れが勝義を見ることであると主張するのである。瑜伽行派のこの解釈に反対して、ジュニャーナガルバは「勝義はいかなる知においても全く現れない」と言っているのである。彼によると、勝義は、事物のいかなる本性・あり方も全く現れないこと（無顕現）、即ち全ての事物の不生起なのである。ゆえに、完成されたあり方の現れは、勝義を見ることでは決してないのである[10]。

シャーンタラクシタは、彼の復註の中で、この無顕現の勝義を、aparyāyaparamārtha、要するに「言葉で表現できない勝義」と呼んでいる。

ジュニャーナガルバは、「戯論寂滅」等のナーガールジュナが説く勝義の特徴を受け入れる一方、バーヴィヴェーカが採用した、「勝義」という複合語の三種の解釈も受け入れている。「勝義」の同格限定複合語としての解釈と格限定複合語としての解釈、即ち「対象としての勝義」という第一義的な勝義の解釈については、ジュニャーナガルバとバーヴィヴェーカに考えの違いはないと思われる。しかし、それの所有複合語としての解釈については、両者の考えに差異が見られる。バーヴィヴェーカは、その解釈において、不生等の教説・論述・推論式を勝義に含めたが、ジュニャーナガルバは、不生等の教説・論述・推論式それら自体は世俗であると見なす。そして、それら自体は世俗であるけれども、それらから生じる知・智慧、たとえば、不生等の勝義についての推論知は、勝義の理解の助けとなるので、勝義と解釈するのである。ゆえに、所有複合語としての解釈は、

【10】KEIRA（2004: 99, fn. 151: 47-86）を見よ。

ジュニャーナガルバにおいては、「勝義」の派生的・二次的な意味として、「知としての勝義」を表すのである。

シャーンタラクシタの復註において、勝義を対象とする推論（推論知）は、「勝義の理解の助けとなる勝義」(don dam pa dang mthun pa'i don dam pa) と呼ばれている。

ジュニャーナガルバは、知としての勝義を意味するこの所有複合語解釈が成り立つことを前提として、四偈abに対する自註において、事物の不生等の推論における推論対象、即ち不生等の概念をも勝義と見なす。不生等の推論は正しい推論であり、それから生じる確定知（推論知）は、推論対象に対して整合性を有し欺かない。欺かない推論知、即ち不生等の推論から生じる対象の理解は、勝れたものであり対象でもあるので、勝義である。ゆえに、その推論によって確定された対象も勝義である。なぜなら、「直接知覚」(pratyakṣa) とは、知覚する知でもあり知覚される対象でもあるように、「推論」も知でもあり対象でもあるから、推論知が勝義である場合、その推論の対象も勝義なのである。「勝れたものでもあり対象でもある」というのは、同格限定複合語としての「勝義」解釈である。ゆえに、推論対象をも勝義と見なすその解釈は、所有複合語としての「勝義」解釈が成立することを前提として、そこからさらに引き出された同格限定複合語としての解釈と言うことができるだろう。

また、九偈と自註において、ジュニャーナガルバは次のように言う。推論によって確定される不生起、即ち生起の否定は、真実・勝義の理解を助けるものであるから、勝義と見なされる。しかし、その生起の否定それ自体は、それを考察するならば、世俗に他ならない。なぜなら、事物の生起という否定対象が存在しない（成立しない）のであるから、その生起の否定も真実としては存在しない（成立しない）のである。否定対象が無い否定というのは、不合理であり得ないからである。さらに、一〇偈abcと自註において彼は次のように言う。〝事物の生起〟であるというのは、完全に構想された事柄であるから、完全に構想された事柄である〝生起〟の否定も、それ自体としては構想された事柄である。それゆえ、構想された事柄であるその否定は、真実には存在しないので、世俗的なことに他ならない。

「勝義において」という限定詞について

ジュニャーナガルバは、「一切の事物は勝義において自性（恒常不変の本性）を持たない」という中観派の命題を論証するために、論証中に、「勝義において」

(paramārthatas)・「真実において」(yang dag par) という限定詞を使用する。中観思想史において、この限定詞を初めて使用したのは、バーヴィヴェーカであった。しかし、バーヴィヴェーカは、推論式の主張命題において、その限定詞はどの語句を限定するのかを明確に説明しなかった。チャンドラキールティは、先述のとおり、その限定詞の使用目的は不明であり、限定詞は無用であると考え、その使用を拒否し受け入れなかった。彼のその限定詞に対する批判の中には、その限定詞は「自性を持たない」・「生起しない」という自性・生起の否定を(「勝義において……ない」という形で)限定するものと想定した上で出された批判もあった。彼のその批判から理解可能だが、一切の事物の自性・生起が勝義として否定されるならば、世俗的なもの、たとえば世俗的な眼等(の感官)という主張命題中の主題・基体も存在し得ないので、ゆえに、中観派の推論は、世俗的な事物についての誤りのない知覚(現実の知覚経験)を否定し無効化するということになってしまうか、或いは、その推論それ自体が、世俗的な事物についての現実の知覚経験によって否定され無効化されるということになってしまうのである。

ジュニャーナガルバは、その限定詞は自性・生起の否定を限定するとは考えなかった。彼によると、それは「自性〔を持つこと〕」・「生起〔を持つこと〕」を限定するのである。即ち、彼は、一切の事物について、「勝義として存在する自性」を、つまり「世俗の事物であるのに、勝義として存在すると他者によって捏造された自性」を推論によって否定するのである。したがって、彼は、「一切の事物は勝義として存在するものとして他者によって捏造された自性を持たない」というこのような論理的文法的な構造をもつ命題を、中観派の根本命題として論証するのである。彼に後続するカマラシーラ等の中観論者たちも、そのような構造を持つ命題を中観派の根本命題として採用し論証する[11]。

『二諦分別論』二九偈の註釈と三〇偈の第一～二中間偈は、次のように言う。

> 色形等が現れる知に現れ得ないもの、〔たとえば、〕真実の生起・真実の認識（心）の現れ、〔サーンキャ派が説く〕根本物質（pradhāna）・〔諸元素の〕変様（pariṇāma）、等、〔つまり、〕論書等に基づいて構想されたもの、これらのものだけを、〔我々中観派は〕否定するのである。それらを否定する場合、〔我々の推論に対する〕直接知覚等による無効化は決して起こらないのである。（二九偈の註釈）
>
> 概念化作用に現れ、真実としての諸事物の原因であるとして他者により構

【11】KEIRA (2004: 30–38).

想されている根本物質等を、〔中観派は〕否定するのである。（三〇偈の第一中間偈）

〔他者により〕構想されたものを否定する場合、「真実として」というのは否定の限定詞ではない。したがって、どうして世俗は非存在となるだろうか。（三〇偈の第二中間偈）

中観派の推論において、否定されるべき対象は、対論者たちの捏造・概念的な構想である。それらは真実として存在するものではない。ゆえに、対論者たちの捏造を否定することも、それは構想された事柄であるから、その否定は真実として存在するのではない。したがって、その否定も世俗的なことに他ならない。しかしながら、先に説明したように、その否定を論証する推論から生じた知・智慧は、勝義（第一義の「対象としての勝義」）の理解を助けるから、その知も、派生的・二次的な意味で、勝義と見なされるのである。

世俗諦

『二諦分別論』三偈cdと註釈によると、「〔意識に〕現れているもの」（yathābhāsa / yathādarśana 現れるがまま〔の状態〕のもの）、これこそ（だけ）が世俗として真実である。これがジュニャーナガルバの世俗諦《せぞくたい》の定義である。誰もが見るがままのもの（意識に現れているもの）、たとえば瓶の現れ・心の中のその形象が、世俗的な意味で真実であると確立されるのである。なぜならば、瓶の現れ・知覚に一致して、人は、瓶という外界の対象を確定・理解するからである。

ジュニャーナガルバは、八偈において、世俗諦を二種に区別する。一つは、正しい世俗の真実（*tathyasaṃvṛtisatya 実世俗諦）である。他方は、*atathya-saṃvṛtisatya であり、これは、「正しい世俗の真実ではないもの」として理解され得るであろう。なぜなら、「正しくない（atathya）……真実」と訳すならば、正しくないこと・誤ったこと・間違ったことが真実であることとなり、意味をなさないからである。

先に見たように、チャンドラキールティは世俗を「世間からして正しいもの」と「世間からして偽なるもの」の二種に区別していた。一方、バーヴィヴェーカは、世俗・世俗諦を二種に区別してはいないようであった。しかしそれでも、彼は、世俗として正しいものに対して、世俗として偽であるものもあり得ると考えていた。彼は、たとえば、他学派が認める絶対神（主宰神）Īśvara《イーシュヴァラ》が全世界が生じるための原因であることは世俗としてもあり得ないと『般若灯論』(D51b2)で論じているのである【12】。

【12】→【後註4】参照。

実世俗諦と構想された物事

正しい世俗の真実(実世俗諦)は、『二諦分別論』八偈abcと自註において説明されている。構想された物事を離れており、原因・条件に依存して生起する事物そのもの(vastumātra 唯事物)が実世俗諦と知られるべきであると説かれている。「構想された物事」とは、註釈によると、真実の生起等、意識における真実としての現れ、根本物質や諸元素の変様、等々の、つまり、主として非仏教徒の考えであり、「構想された物事」は、実世俗諦から排除された虚偽の物事である。世俗としても虚偽と見なされる、他者によって構想されたそれらの物事と対比して、

〔事物そのものは〕それら構想された物事を離れている。なぜなら、〔構想された物事を離れた〕事物そのものは、〔意識に〕現れているものに一致する、〔対象事物に到達するための〕因果効力(arthakriyāsamartha)を有するからである。原因と条件に依存して生じる事物そのものが実世俗諦として知

られるべきである。というのは、凡愚なる者に至るまでの者たちの意識に共通に〔現れ、そして眼等の〕原因によって現れる、その〔外界の〕対象(artha)が実世俗である〔という〕ことが正しいのである。なぜなら、〔人々の〕意識に現れるものに一致して、〔外界の〕事物(vastu)は存在するからである。[13]

シャーンタラクシタの復註(D24a1-2)によると、実世俗諦の成立は次の二つの条件を満たさなければならない。

(一)原因等によって意識に現れるものでなければならない。

(二)因果効力を持つ事物そのもの(唯事物)でなければならない。

右記の実世俗諦の成立条件(一)は、意識に全く現れることのない勝義(諦)と対比して説かれており、「意識に現れるもの」は世俗諦であり、勝義諦ではない、ということを説いている。シャーンタラクシタは、復註(D38b6)で、現れを本性とするものは、勝義的な観点から考察されない限り悦ばしい(avicāra-ramaṇīya / avicāraikaramya)と説く。つまり、勝義的な観点から考察されない限り、それは世俗的なものとして受け入れ可能だが、その観点から考察された場

【13】ECKEL(1987: 160. 1-16).

合はそうではなく、その場合それは無自性・不生起と理解されることになるのである。

右に挙げた条件（二）は、条件（一）が満たされた上でさらに、意識における現れに一致する外界の事物が成立する場合に、それは実世俗諦として成立するということを説いている。その事物は、因果効力を持って成立している。またそれは、構想された物事・あり方を離れていなければならない。構想されたあり方を離れた事物、つまり事物そのもの（唯事物）は、概念的思惟を離れた（無分別な）直接知覚において現れ得るものである。人々の意識において事物が共通に現れること（共通顕現）が成り立たない場合、その事物についての、人々の共通の理解も成り立ち得ない。立論者と対論者の双方に何も共通に現れない場合には、人は討論を始めることができないであろう。[14]

唯事物と対比して、構想された物事、たとえば、サーンキャ派が説く根本物質のように、学派の教義体系に依拠して構想・捏造された物事は、概念的思惟を離れた（無分別な）直接的な認識において現れることはないので、そのような物事が人々の共通理解の基盤とはなり得ない。もしその構想された物事が立論者と対論者の双方の心に共通に現れ、双方が互いに共通する知覚を持ったならば、教義

【14】『二諦分別論』一八～一九偈に対する註釈とECKEL（1987: 173, 23-174, 1）を見よ。

に関する意見の相違は無く、論争も起こらないだろう。それでももし双方が論争したならば、その者たちの論争は、直接知覚等によって無効化されることになるであろう。[15] ゆえに、結論として、ジュニャーナガルバは、『二諦分別論』八偈dで、「構想された物事は、正しい〈世俗の真実〉ではない」と述べるのである。

構想された物事は、「意識に現れるもの」という条件（一）を満たさず、また、「因果効力を持つ唯事物」という条件（二）も満たさない。構想された物事――ジュニャーナガルバにとっては、他学派の教義体系において仮定（捏造）された物事が典型的だが――それらは、唯事物ではないし、ゆえに、実世俗諦ではないのである。

さらに、世俗的な事物は、意識に現れるものという点では皆等しいけれども、それらは、因果効力の能力を持つ・持たないという点から、正しいもの・正しくないものの二種に分けられる（『二諦分別論』一二偈）。人が陽炎（marīci）を見て、「向こうに水がある」と思った場合、陽炎は確かにその人の概念的思惟を離れた直接的な認識に明瞭に現れるけれども、その人はその錯覚した水に到達することはできない。なぜなら、陽炎は、実在する水とは異なり、それを認識した人が水に実際到達するための因果効力（結果を生み出す能力・目的実現能力）を持ってお

【15】『二諦分別論』八偈dに対する註釈、ECKEL（1987: 160, 19-24）を見よ。

らず、欺く（visaṃvāda）ものだからである。[16] このような考え方から、陽炎や眼病者が見る二重の月等は、意識に現れるものという条件（一）は満たしているけれども、因果効力を持つものという条件（二）を満たさないので、実世俗諦から排除されるのである。

では、因果効力に関して、どのようにして人は欺くものと欺かない（avisaṃvāda）ものとを区別するのであろうか。一二偈の註釈の中で、ジュニャーナガルバは次のように言う。因果効力に関して、欺くものか欺かないものかは、一般に認められていることに従って区別される。なぜならば、その因果効力も勝義としては無自性だからである。世俗的な事柄や取り決めに究極的な根拠・論拠は無いので、それが因果効力を持つか持たないかの決定は、経験的観察や推論に基づいた、世間世俗的な同意・承認に従うのである。

誤った認識としての世俗

チャンドラキールティは、「世俗」の意味について、それまでの中観論書には見られなかった語源学的解釈、即ち「世俗」は「あまねく覆うもの（覆障）」であるという語源学的解釈を採用し、そこから、「あまねく一切の事物の真実・本

【16】因果効力について、より詳しくは稲見（2012）を見よ。

性を覆う無知等」という世俗の意味を導き出していた。[17]『二諦分別論』においては、彼のこの解釈と同様の、「覆障」としての世俗解釈が提示されている。一五偈abは次のように言う。「或る〔知〕によってまたは或る〔知〕において真実が覆われる〔場合のその知が〕世俗であると認められる。」一五偈abの註釈によると、真実を覆う知とは、そのように真実が覆われた、世間における一般的な理解(lokapratīti)のことであり、それが世俗であると認められるというのである。[18] 一五偈の註釈の中で『入楞伽経《にゅうりょうがきょう》』(*Laṅkāvatārasūtra*)と『般若経』を引用して、ジュニャーナガルバは、世俗(真実を覆う知)を「誤認」(bhrānti)そして「誤り」(viparyāsa 顚倒《てんどう》)として特徴付ける。[19] 彼によると、「世間における一般的な理解」とは、まさしくこの「誤認」・「誤り」(真実を覆う知)のことなのである。

ただし、この「世間における一般的な理解」は、単に「世間の大多数によって認められていること」を意味しているのではない。一五偈cdの註釈によると、「誤り」(誤った認識=真実を覆う知)が「世間における一般的な理解」(lokapratīti)であり、このlokapratītiとは、正しい推論が用いられ得る範囲内で真実であることを意味しているのである。[20] この点で、lokapratītiは、チャンドラキールティが言う「世間において一般的に認められていること」(lokaprasiddha)

【17】本書九一頁。

【18】サンスクリット文は、AAA 976, 3-4を見よ。

【19】→【後註5】参照。

【20】→【後註6】参照。

と同じ意味ではないだろうと考えられる。チャンドラキールティの loka-prasiddha は、推論が正しく機能する範囲内で真実と認めるということではなく、むしろ、それが不合理でも、考察することなく、世間の大多数によって認められていることに従い、それを世俗として受け入れるということを意味すると考えられる。[21]

真実へ悟入するための段階的な行程

瑜伽行唯識派は、経典に説かれる「心のみ」(cittamātra 唯心《ゆいしん》)の教えを、外界の対象の非存在を意味するものと解釈する。しかし、バーヴィヴェーカもチャンドラキールティも、この瑜伽行派の「唯心」解釈を受け入れなかった。[22] バーヴィヴェーカによると、唯心という教説の目的は、外界の対象の非存在を説くためではなく、他者によって構想された行為主体と享受主体を否定するためである。世間世俗のレベルにおいては、心以外の行為主体・享受主体は一般的に認められないから、「心のみ」なのである。チャンドラキールティも、唯心の教説の目的は、「心のみ」が主要なものであることを明らかにするためであり、外界の対象が非存在であることを明らかにするためではないと考えた。両者はどちらも、瑜伽行

【21】MAtBh 179, 14-181, 7を見よ。

【22】本書六四頁を見よ。

派の「唯心」解釈を拒否したのだが、しかし、一切法無我の知を確立していく仕方・哲学的な道の理論については、両者は異なる考えを持っていた。

『般若灯論』（D247a1–3, P309b6–310a1）の中で、バーヴィヴェーカは、外界の対象の無我と内界の心・知の無我は、「外界の無我を先に理解し、内界の無我をその後で理解する」という段階的な仕方ではなく、両方の無我を同時に理解するべきであるという考えを示している。[23] 他方、チャンドラキールティは、「外界の無我を先に、内界の無我をその後で理解する」という段階的な行程としての道の考えを提示する。彼によると、外界の対象の非存在を意味する瑜伽行派の「唯心」解釈は、唯心という教説の了義（nītārtha 文字通りの意味で理解して良い教説のその文字通りの明白な意味）ではなく、その教説の未了義（neyārtha 文字通りの意味で理解するべきでなく、別様に解釈されるべき意味）に依拠しての解釈なのである。[24]『入中論』第六章九四偈cdと自註において、チャンドラキールティは次のように説く。仏陀は、外界の対象に対する執着を取り除くのを助けるために、人々に唯心の教えを説いたのである。[25] 仏陀は、一切法の無自性性・無我へ、人々を段階的に（rim gyis; *krameṇa）導くので、それゆえ、最初に、外界の無我を人々に説き、その後で、心・知の無自性性・無我を説くのである。最初に外界の

【23】『般若灯論註』D298a1–298b7, P353a7–354a8も見よ。

【24】本書一〇三頁を見よ。

【25】MAtBh 195, 1–9.

無我を説くのは、人々が、心の無我を困難無く容易に理解できるようにするためである[26]。チャンドラキールティは、心の無我の理解に役立つ手段として、「唯心」の未了義を受け入れているようである。

ジュニャーナガルバは、彼がチャンドラキールティの著作を知っていたのかどうかは明らかでないが、チャンドラキールティの考えと類似する、段階的な行程としての道の考えを示している。三二偈の註釈において、ジュニャーナガルバは次のように言う。

世尊（仏陀）は、聴聞者の心的能力に応じて、五蘊《ごうん》（五種の集合体）・十八界（一八の領域）・十二処（一二の領域）、唯心、一切法無我という段階的な教説によって、実在物に対する人々のあらゆる執着を除去し、そして人々に、束縛からの解放を教示するのである[27]。

この段階的な行程においては、「唯心」は外界の対象の非存在を意味すると考えられる。ただし、ジュニャーナガルバがそれを未了義として解釈しているのかどうかは不明である。

【26】 MAtBh 199, 1-11.

【27】 ECKEL (1987: 183, 18-21).

三二偈のこの註釈の直後の三三偈abにおいて、ジュニャーナガルバは、瑜伽行唯識派の註釈者スティラマティが著した、ヴァスバンドゥ著『唯識三十頌』に対する註釈から次の一文を引用する。

構想作用（rtog pa）とは、捏造された外界の対象の形象を持って機能する、三界の心と心作用である。【28】

スティラマティが註釈するように、この構想作用は、『中辺分別《ちゅうへんふんべつ》論』（マイトレーヤ、即ち弥勒《みろく》菩薩に帰される五書の一つ）の中で、「実在しないものの構想作用」(abhūtaparikalpa）として説明されるものである。【29】『唯識三十頌』に対する註釈の中で、右の一文は、「すべてのもの、即ち全ての認識対象は、心に現れる表象のみに過ぎない（vijñaptimātra 唯識）」と主張する言明の根拠となっている。【30】したがって、ジュニャーナガルバが、『唯識三十頌』の註釈中の右の一文を引用するのは、非常に重要な意味を持つのである。なぜなら、それは、瑜伽行唯識派が唯心、即ち外界の対象の非存在の成立を正当化するところの根拠を、ジュニャーナガルバが受け入れていることを意味するからである。

【28】TrBh 108, 8. 計良（2016: 49, fn. 110）も見よ。

【29】複合語 abhūtaparikalpa の解釈と意味については、MATSUDA（2018）を見よ。

【30】全ての認識対象は心に現れる表象のみに過ぎない（唯識である）ということが、瑜伽行唯識派の、外界の対象の非存在を意味する唯心の教義となる。

シャーンタラクシタの復註（D46b7–47a1）によると、三界の心と心作用であるこの構想作用は、「現れるもの」であり、つまり世俗としての真実である。ゆえに、それは勝義として無自性である。

『二諦分別論』も復註も、段階的な行程としての道それ自体についての詳しい説明を与えてくれない。しかし、ジュニャーナガルバに帰される他のテキスト、特に『瑜伽修習道《ゆがしゅじゅうどう》』から、ある程度詳しくその道についての彼の考えを推測することが可能である。前述の三二偈の註釈と『瑜伽修習道』（D4a6–b5）の説明からすると、次のようにその道は理解可能である。最初に、人は、説一切有部や経量部という仏弟子（声聞）等の教理に入るために、「五蘊・十二処・十八界」という声聞たちの教説に依拠して、非仏教徒が受け入れる「自己」（ātman）のような恒常的な存在についての考えを否定し、それから離れる。次に、瑜伽行唯識派の唯心・唯識の教理、つまり外界の無我の教理に入るために、その教理に依拠し、原子（paramāṇu 極微《ごくみ》）の説も含めて、右の声聞の教説を否定し、それから離れる。最後に、中観派が説く一切法無我、特に心自体の無我・不生の教理に入るために、中観派の教説に依拠して、唯心説（外界の無我）のみならず、内界の無我をも理解する。ジュニャーナガルバが説くこの道・真実の悟入への段階的な行程は、彼に後続するシャーンタラクシタとカマラシーラのそれと根本的に異なるようなものではなく、むしろ本質的にはほとんど同じと言えるであろう。[31]

世俗についてのジュニャーナガルバの思想的立場

ジュニャーナガルバの二諦説、特に世俗についての彼の思想的立場に関するチベットの学者たちの見解は一致せず、チベット仏教が考案したその思想的立場の区分では、彼は幾つかの異なる区分に分類されている。

その区分の一つは、「経量中観派」（Sautrāntika-Mādhyamika）と呼ばれるものであり、それは、世俗として、外界の対象とそれが現れるところの知の存在を認めるという思想的立場を表す。主に、多くのゲールク派の学者たちが、ジュニャーナガルバを経量中観派に属する者として解釈する。ゲールク派の解釈は、『二諦分別論』の三偈cdや八偈abcに対する註釈によって正当化され得るであろう。そこでは、意識における現れに一致して、外界の事物が存在することが説かれているからである。

二つ目の区分は、「世間極成行中観派」（'jig rten grags sde spyod pa'i dbu ma pa）、即ち「世間において一般に認められることに従い認める中観派」である。

【31】シャーンタラクシタとカマラシーラの道・修習（瞑想）の階梯については、梶山（1969）（1979）を見よ。『瑜伽修習道』については、生井（2008）を見よ。

ジュニャーナガルバを「世間極成行中観派」に分類するのは、カダム派のウパロサル（dBus pa blo gsal 一二六五～一三五五頃）等である[32]。ウパロサルは、『二諦分別論』二一偈をそのように分類した理由・根拠とし、「意識に現れているもの」は、勝義的観点から考察・分析されるべきではないから、世間極成（世間において一般に認められていること）であると考えているようである。また、ジュニャーナガルバも、一五偈の註釈において、真実を覆う知としての「誤り・誤った認識（顛倒）」が lokapratīti（世間における一般的な理解）であると説明しているので、ウパロサルの解釈も文献上の根拠を持つものとして正当化され得るであろう。

最後の三つ目の区分は、「瑜伽行中観派」（Yogācāra-Mādhyamika）と呼ばれ、サキャ派の学者たちやプトン（Bu ston rin chen grub 一二九〇～一三六四）がジュニャーナガルバをそれに属する者と解釈する。彼らの解釈も『二諦分別論』に基づいていると言うことは可能であろう。二三偈の註釈は次のように言う。

> その原子も、異なる方位の点から考察するならば、非存在に他ならないので、木等の表示（概念設定）にとって、そのような実在する原因は存在しないのである。それゆえ、現れるものは、これ（世俗）に他ならないのであり、

【32】MIMAKI (1982: 27–54).

実在する原因に依拠して起こるのではないのである。このことが承認されるべきである。[33]

ここで、ジュニャーナガルバは、原子の存在を否定し、意識における現れは、原子のような、外界に実在する原因に依拠しないことを論じているのである。そして、先に見たように、三二〜三三偈abとその註釈において、彼は、世俗のレベルで、唯心（外界の対象の非存在）とそれの成立根拠（実在しないものの構想作用）を受け入れているのである。さらに、次のことも補足しておくべきだろう。彼は、世俗として、再帰的な認識（sva-saṃvitti, ○-saṃvid, ○-saṃvedana 自証）の成立を受け入れている。[34] 再帰的な認識（自己認識）とは、知は知自身によって知られること、知が自身を知るのに他の知に依拠しないことを意味し、経量部や瑜伽行唯識派が採用する有形象知識論においてその成立が認められる認識理論である。外界の対象は非存在で、唯心ならば、認識はすべて自己認識である。

世俗に関するジュニャーナガルバの思想的立場についてチベット人たちが提出するこれらの異なる解釈は、どれも『二諦分別論』の文章によって正当化され得る。しかしながら、彼自身は、世俗諦を「〔意識に〕現れるもの」として極めて

【33】→【後註7】参照。

【34】赤羽（2004: 100, 12–102, 16).

明瞭に定義しているのであるから、その定義こそが彼の思想的立場として何よりも重視されるべきであろう。そのように考える場合、ウパロサルの「世間極成行中観派」という解釈は、「意識に現れているものは世間極成である」ことを意味するであろうから、これはジュニャーナガルバ自身の世俗に関する思想的立場に近く、かなり的を射た解釈と言えるのかもしれない。しかし、その解釈の問題点または不明な点は、それが他の二つの区分、即ち「経量中観派」と「瑜伽行中観派」と概念上どのような関係にあるのかという点である。「世間極成行中観派」は概念上他の二つの区分とは両立不可能で対立するのか、それとも両立可能であり、世間極成行中観派は、経量中観派や瑜伽行中観派でもあり得るのだろうか。

筆者は、現在、ジュニャーナガルバのその思想的立場について次のように考えている。一三偈の第一中間偈で、真実在の事物を証明するための正しい認識手段は全く無いことを論証し、そして一四偈で、真実在の事物は正しい認識手段によって否定・無効化されることを論証した後、ジュニャーナガルバは、一五偈abとその註釈で、世俗は、真実を覆う知としての「誤り・誤った認識」であることを論じる。この一五偈abから、外界の事物に関する彼の考え・立場が、「外界の事物は存在する」という経量部的な考え・立場から、「誤った認識によって把握される外界の実在物（として見えるもの）は完全に非存在である」という瑜伽行派的な考え・立場に変化し移行していくように見える（一五偈cdと註釈）。そして彼は、「現れるもの」は、原子のような外界に実在する原因に依拠して起こるのではない（二三偈の註釈）、色形等の物質は、構想作用（rtog pa）を離れた認識の現れである（三〇偈cdの註釈）、外界の事物に対する執着は唯心の教えによって除去されるが、外界の事物は構想作用により捏造されたものである（三二〜三三偈ab）、と説いていく。「世俗は意識における現れである」という立場を採りながら、ジュニャーナガルバは二つのレベルの世俗を説明しているようである。即ち、経量部的な外界実在論的レベルと瑜伽行派的な観念論的（唯心）レベルであり、後者の唯心レベルは、外界の実在物に対する執着を除去する哲学階梯に当たる。彼は二つの異なるレベルで世俗を理解し説明していると考える場合、彼の思想的立場についてのチベット人たちの解釈はどれも、部分的・一面的であると言うことが可能であろう。

ジュニャーナガルバの中観思想をさらに明らかにできるかどうかは今後の研究次第であろう。今後の研究としては、特に、ダルマキールティが、有形象知識論の立場を採りつつ、外界の対象の存在を認める経量部的な立場から、その存在を否定する瑜伽行派的な観念論的立場へと自身の思想的立場を移行させていくその方法に、ジュニャーナガルバはどのように影響されたかをより深く理解することから、ジュニャーナガルバ研究は利益を得て、さらに進展していくだろうと思う。[35]

【35】 ダルマキールティが自身の思想的立場を移行させていく方法については、KELLNER (2011) を見よ。

二 シャーンタラクシタとカマラシーラ

生涯・著作

シャーンタラクシタは、チベットの伝承によると、ベンガルのSahor《サホール》(Zahor) の王族に生まれ、出家してジュニャーナガルバのもとで具足戒《ぐそくかい》を受け、ナーランダ僧院で活動し、そこの首座となったが、後にチベットの王ティソン・デツェン (Khri srong lde brtsan 七四二~七九七頃) の招きに応じチベットに入った。七六三年頃に一度入国したが、災害や他宗教 (ボン教) による妨害等もあったため、二~四ヶ月滞在後、ネパールに戻ることになった。七七〇年代に入ってから再度入国し、七八八年頃に死去するまでチベットに滞在した。彼は、サムイェー (bSam yas) 寺を建立し、インド正統仏教の法燈を伝える僧伽《そうぎゃ》を整え、チベットに仏教を定着させることに努めた。サムイェー寺の建立の際は、有名な密教行者パドマサンバヴァ（Padmasambhava）が地鎮の儀式を行ったと言われる。

カマラシーラは、シャーンタラクシタの弟子であり、ナーランダ僧院で活動したことは知られるが、出生地やインドでの活動の詳細はほとんど何も伝えられていない。チベットの伝承に残っているのは、彼の人生後半のこと、特に、シャーンタラクシタの死後、彼はチベットに招かれ、当時敦煌《とんこう》からチベットに入り活動していた禅僧摩訶衍《まかえん》とサムイェー寺で対論し勝利したらしいということについてである。彼は、思想と実践に関して誤りと見なされる摩訶衍等の見解を排除し、チベット滞在中に『修習次第』等のテキストを著しながら、インド正統仏教の見解をチベットに定着させることに尽力したが、七九五年頃に、摩訶衍または異教徒が派遣した者たちにより殺害されたと言われる[36]。

チベット仏教において、シャーンタラクシタとカマラシーラは二人とも、自立論証派の、そして瑜伽行中観派の学者と見なされている[37]。しかし、二人の思想は全く同じというわけではない。このことは、本節の後半で触れることにする。

彼らの著作について説明する。博覧強記の彼らには多くの作品が帰されている。まず、シャーンタラクシタの真作と見なされ得るものには、次のものがある。

①『二諦分別論細疏』……ジュニャーナガルバの『二諦分別論』に対する復

【36】KEIRA（2004: 1-2）.

【37】→【後註8】参照。

註

②『真実綱要』……全二六章で三六四五の詩頌から成り、仏教・非仏教の諸学派の認識論・存在論・論理学に関する様々な見解を扱い、縁起《えんぎ》の真実の諸相を説き明かした書

③『中観荘厳論』（*Madhyamakālaṃkāra*）……中観思想に関する彼の主著。チベット大蔵経には詩頌《しじゅ》のみの『中観荘厳論頌』（*Madhyamakālaṃkāra-kārikā*）と詩頌と自註から成る『中観荘厳論註』（○-*vṛtti*）の二書が収められている。

④『諍正理註細説義』（*Vādanyāyaṭīkā Vipañcitārthā*）……ダルマキールティの『諍正理論』（*Vādanyāya*）に対する註釈書

⑤『律義二十註』（*Saṃvaraviṃśakavṛtti*）……チャンドラゴーミン（Candra-gomin 七世紀頃）著『菩薩律義二十』（*Bodhisattvasaṃvaraviṃśaka*）に対する註釈

次に、カマラシーラの真作と見なされ得る作品には、以下がある。

①『中観荘厳論細疏』（*Madhyamakālaṃkārapañjikā*）……シャーンタラクシタの『中観荘厳論註』に対する復註

②『中観光明論』（*Madhyamakāloka*）……中観思想に関する彼の主著であり、チベットの地で著されたと考えられる

③『真実光明論』（*Tattvāloka*）……『中観光明論』の無自性性論証の主要部分と二諦説に関する説明を約八〇〇の詩頌で纏めたもの

④『一切法無自性論証』（*Sarvadharmaniḥsvabhāvasiddhi*）……無自性性論証を扱った小論で、『中観光明論』の略本とも言い得るもの

⑤『修習次第』（*Bhāvanākrama*）……初・中・後の三篇から成り、中観思想の立場から、修習（瞑想）等の実践の理論・仏陀の位（仏地）への段階的行程（哲学階梯）・実践に関する議論等を扱う

⑥『菩提心修習』（*Bodhicittabhāvanā*）……ジュニャーナガルバの『瑜伽修習道』と同様の、菩提心の修習に関する小論

⑦『入瑜伽修習』（*Yogabhāvanāvatāra*）……止・観という修習（瞑想）の理論を簡潔に纏めた小論

⑧『正理一滴前品摂』（*Nyāyabindupūrvapakṣasaṃkṣipta*）……ダルマキールティの『正理一滴論』（*Nyāyabindu*）の中で、彼により論駁された諸見解を簡潔に纏めたもの

⑨『真実綱要細疏』……シャーンタラクシタの『真実綱要』に対する註釈

⑩『入無分別陀羅尼広釈』(*Avikalpapraveśadhāraṇīṭīkā*)……『入無分別陀羅尼経』に対する註釈

⑪『稲芉《とうかん》経広釈』(*Śālistambasya ṭīkā*)……『稲芉経』(*Śālistambasūtra*)に対する註釈

⑫『般若波羅蜜多七百頌広疏』(*Saptaśatikāprajñāpāramitāṭīkā*)……『七百頌般若経』に対する註釈

⑬『能断金剛般若波羅蜜多広釈』(*Prajñāpāramitāvajracchedikāṭīkā*)……『金剛般若経』に対する註釈

⑭『般若波羅蜜多心と名づくる疏』(*Prajñāpāramitāhṛdaya nāma ṭīkā*)……『般若心経』に対する註釈

⑮『苦差別説示』(*Duḥkhaviśeṣanirdeśa*)……チベット大蔵経書翰部に収められる作品

二諦説

シャーンタラクシタとカマラシーラの二諦説の内、勝義・勝義諦については、ジュニャーナガルバの考え・立場とほとんど同じであり、彼ら二人も、「勝義」という複合語に対する三種の解釈を受け入れている。

次に、世俗・世俗諦について、彼ら二人は世俗を二種に分けており、この点も、ジュニャーナガルバと同様である。ただし、カマラシーラは、「正しい世俗」（実世俗）に対する他方については、「偽なる世俗」（mithyāsaṃvṛti 邪世俗）という語を用いている。

先に見たように、「正しい世俗の真実」（実世俗諦）について、ジュニャーナガルバは、『二諦分別論』八偈abcとその註釈において、次のように説明する。構想された物事を離れており、原因・条件に依存して生起する、事物そのもの（唯事物）が実世俗諦と知られるべきである。この唯事物は、因果効力を有しており、『二諦分別論』の説明では、人の意識に現れるものに一致して外界に存在する事物と理解され得るのであった。

シャーンタラクシタの『中観荘厳論』の六四偈は、実世俗の特徴を次のように説明する。

考察されない限り悦ばしいものであり、生・滅の性質を持ち、因果効力を

持つ〔事物〕それ自体が、〔実〕世俗であると理解される[38]

六四偈に対する彼の註釈は、「実際に経験されそして認められる（経験に応じて確定される）、〔原因や条件に〕縁って生じた事物は、〔勝義的な観点からの〕考察に耐えないから、実世俗である」と説明する[39]。

六四偈の中で、「考察されない限り悦ばしいもの」という語が見られるが、これは、『二諦分別論』の「現れを本質とするものであるから、これ（世俗）に対して考察する〔べきでは〕ない」という二一偈abに対して、シャーンタラクシタが、復註の中で、「現れを本質とするもの」を「考察されない限り悦ばしいもの」と註釈し説明したのであった[40]。

「現れ・現れているもの」、「考察されない限り悦ばしいもの」、「世間における一般的理解」（lokapratīti）、「真実を覆う誤った認識（顚倒）」というこれらの概念は、密接に連関するので、ここで整理しておこう。ジュニャーナガルバは、『二諦分別論』一五偈とその註釈で、真実を覆う知が世俗であり、その覆う知を、誤認（bhrānti）・誤り（viparyāsa 誤った認識・顚倒）と特徴づけた。そして彼は、真実を覆う誤った認識が世間における一般的な理解であると説明した[41]。世俗は、

【38】 Cf. PPT. D (za) 84a7-b1, P (za) 102b2-3.

【39】 MAV D70b7-71a1, P68b3-4.

【40】 「考察されない限り悦ばしいもの」という語は、シャーンタラクシタに先行して、アヴァローキタヴラタが『般若灯論註』D84a7とD245b7で既に使用している。赤羽（2003）参照。

【41】 本書一一八頁。また、『中観光明論』D228a6-b4を見よ。

真実を覆う誤った認識なのであるから、意識における現れも、真実を覆ったものであり、それは非真実である。シャーンタラクシタは、その非真実である現れを本質とするものを、考察されない限り悦ばしいものと註釈したのである。つまり、考察されない限り悦ばしい事物は、誤った認識によって捉えられているものであり、真実には無自性なので、真実在ではなく、幻のように虚偽なものなのである。

六四偈の註釈に対する『中観荘厳論細疏』(D115a7)は、「実世俗というのは、一般に理解されるがままに応じて、構想されているからである」と説いている。これは、「実世俗は、誤った認識によって捉えられているので、世間における一般的な理解に従うものであり、真実には無自性だが、実在するものであるかのように現れている点で、誤った認識によって構想されている」という意味であろう。

以上からすると、『中観荘厳論』六四偈は、実世俗の特徴を、「事物は、誤った認識によって捉えられた考察されない限り悦ばしいものであり、ゆえに、真実在ではないが実在するものであるかのように現れる点で、誤った認識によって構想されたものである」と考える立場で説いているのである。ゆえに、その立場は、外界の対象と知におけるそれの現れを、それらが成立するがままに（誤った認識によって捉えられたもの、構想されたものと考えることなく）受け入れる経量中観派の立場ではないと言えるであろう。[42]

カマラシーラの三性・三無性説解釈

既に説明したが、三種の存在のあり方（三性《さんしょう》）と三種の無自性性（三無性《さんむしょう》）の教説は、本来瑜伽行派が学説として採用するものである。[43] 瑜伽行派は、『般若経』等が説く無自性説を、了義を説くものとは見なさず、未了義を説くものと見なし、その教説は文字通りの意味とは別の意味である三無性を意図して説かれた密意（趣）説であると考える。また、瑜伽行派は、三性の内、構想されたあり方は本来非存在であるが、構想されたあり方が成立する基盤としての他に依るあり方のものと、それが構想されたあり方を離れた完成されたあり方との二つは実在すると考えるのである。

三性と三無性に関する瑜伽行派の考えは、中観派にとっては学説として受け入れ不可能なものである。中観派は無自性説を、未了義ではなく、了義を説くものと見なし、勝義においては、一切は無自性と考え、三性はすべて無自性であり真実在ではないと考えるからである。しかしながら、カマラシーラは、『中観光明論』の中で、中観派も三性・三無性の教説を学説として受け入れることは可能で

【42】経量中観派については、本書一二四頁を見よ。
【43】本書一〇三頁を見よ。

あると述べるのである【44】。

カマラシーラは、三性・三無性の教説を受け入れるために、それらを中観派の学説と両立しうるものとして解釈するのである。三性・三無性の解釈を打ち出すことで、彼は中観思想と瑜伽行派の思想との両立化を企てているように思われる。両立化といっても、両者をそのまま対等な立場で両立化させようというのではない。あくまでも、これは中観派側からの思想的接近であり、瑜伽行派の学説を中観派の立場から解釈し、中観思想を思想的に上位に置きながらも、両学説の思想的・教義的対立関係を解消し、瑜伽行派の思想を中観派の思想に調和させ、連結させるための両立化であり、また別の見方をすれば、瑜伽行派説の支持者達をも中観思想に、つまり中観派の説く真実智に導き入れるための両立化でもある【45】。以下の三項(a)(b)(c)で、カマラシーラが三性・三無性の教説をどのように解釈したのか、また、その教説をどのように中観思想の中に組み入れたのかを見てみよう。

(a)他に依るあり方・生起の無自性性

カマラシーラは、『中観光明論』で、他に依るあり方と生起の無自性性を次のように解釈する。

【44】 MĀ D149b6-150a4. 和訳は、計良(2016: 24-28)を見よ。

【45】 →【後註9】参照。

その〔三性の〕内、考察されない限り一般的に承認され、見ている通り〔意識に現れている〕もので、幻のように〔原因や条件に〕依存して生じた事物、それが他に依るあり方（依他起性《えたきしょう》）のものである。そしてその〔他に依るあり方のもの〕は、世俗として、幻のように他の条件の力によって生じるのであり、それ自体のみ〔で生じるの〕ではないので、生起は無自性である（＝生無性）と確立されるのである【46】。

先に見た『中観荘厳論』六四偈と『二諦分別論』八偈abcとその註釈から判断して、カマラシーラが解釈した他に依るあり方（縁起するもののあり方）それ自体は、実世俗のことと見なされる。実世俗としての他に依るあり方とは、次項(b)で見る構想されたあり方を離れて成立するあり方それ自体のことであり、世俗のものについて勝義の本性を捏造する構想されたあり方を離れて成立する、幻等と無区別な他に依るあり方それ自体のことである。

カマラシーラによる生起の無自性性についての右の説明は彼独自の考えに基づくものではなく、瑜伽行派が依拠する聖典『解《げ》深《じん》密経《みっきょう》』（*Saṃdhi-*

【46】 MĀ D 150a4-5. 計良（2016: 28-32）と計良（2013: 21-22）を見よ。サンスクリット語対応文は、MMA 13, 9-12を見よ。

nirmocanasūtra）や他の瑜伽行派の論書でも見付けられる説明である。しかしながら、彼は、生起の無自性性のその説明に加えて、中観思想の立場から、それに別の解釈を与える。即ち、中観派は、縁起しているものは勝義として自性を欠いていると考えるので、他に依るあり方は勝義あるいは真実として存在する本性（yang dag pa'i ngo bo nyid）ではなく、それは勝義としては生起せず存在しない幻等と異ならないあり方なのである。それゆえ、それは、生起に関して無自性であると確立されるのである。[47] 生起の無自性性のこの解釈は、他に依るあり方ののそれ自体は勝義として生起せず、勝義の真実のレベルでは存在していないことを意味する。

【47】 MĀ D150a5, D150b7–151a1.

(b) 構想されたあり方・特徴の無自性性

構想されたあり方と特徴の無自性性は、次のように解釈される。

幻等と区別の無い、まさにその他に依るあり方（依他起性）のものに対して、恒常・無常等の勝義の本性（rang gi ngo bo）であると捏造することが、構想されたあり方である。そして構想された通りに、その〔構想された〕特徴（相）が成立することはないので、特徴は無自性である（相無性）と確立されるのである。この〔特徴の〕無自性（相無性）も、客観的事実としては(vastutas)、〔勝義の本性が構想されたのと〕同じ他に依るあり方のものにおいて確立されるのである。その同じ〔他に依るあり方の〕ものが、その〔勝義の本性〕という特徴〔をもつもの〕として構想されたからである。……

また、〔『聖解深密経』の中で、〕

したがって、私（世尊＝仏陀）は、特徴の無自性性を意図して、一切法は不生起であると説いたのである。

と説かれたそのことについても、〔世尊は、〕文字通りの意味で〔不生起を〕理解することを否定しているのであり、世俗の他に依るあり方のものが〔既に〕説明したような構想された本性を欠いていることを証明して、否認し得ない世俗の〔他に依る〕あり方をも説示しているのであり、まさに勝義として〔他に依るあり方のものが構想された本性を欠いていることを説示しているの〕ではないのである。[48]

カマラシーラは、構想されたあり方を、幻等と無区別な他に依るあり方（＝実

【48】→【後註10】参照。

世俗）のものに対して勝義の本性を捏造することと解釈する。また特徴の無自性性については、彼は、構想されたあり方のものには構想された通りの特徴が無いことと解釈し、それは、世俗と見なされる他に依るあり方のものがその構想された勝義の本性を欠いていることを意味している。つまり、カマラシーラの特徴の無自性性の解釈は、捏造された勝義の本性を欠いた、世俗の他に依るあり方の成立を示すものである。

カマラシーラ等の後期中観思想の二諦説では、世俗は正しい世俗（実世俗）とそれではないもの（邪世俗）に分けられ、構想されたあり方は邪世俗と見なされる。邪世俗である構想されたあり方の勝義の本性等は、実際に見られるものではなく、顕現せず、何らかの学説に基づき成立したに過ぎず、一般にその存在が承認されるものではないのである。[49]

(c) 完成されたあり方・勝義の無自性性

完成されたあり方と勝義の無自性性は、次のように解釈される。

一切法は勝義として本性上無自性に他ならないと常に確定されることが、

【49】→【後註11】参照。

完成されたあり方である。その〔完成されたあり方〕は、捏造された〔勝義の本性等〕が無いものとして常に完成しているからである。またそれは、認識手段によって成立することを本性とするものであるから、「勝義」とも言われるし、〔勝義は〕無自性によって特色づけられるから、「無自性性」でもあるのである。したがって、この〔完成されたあり方〕は、勝義として無自性であるのである。[50]

完成されたあり方は勝義の無自性性を意味し、勝義として一切は無自性であると常に確定されることである。他に依るあり方のものは、世俗としては生起し現れ、世俗としては本性（自性）をもつと見なされても、幻等に等しいと理解されるべきものであり、勝義としてはそれ自体が生起せず現れず、無自性であり存在していない。したがって、実世俗である、他に依るあり方それ自体についても、勝義の生起・現れ・本性という捏造・構想されたあり方が否定されることで、一切は勝義として不生起・無顕現・無自性として、完成されたあり方となるのである。

以上のカマラシーラの三性・三無性解釈と二諦説を総合して考えると、邪世俗

【50】 MĀ D151b1-2. 計良（2016: 34-35）と計良（2013: 22）を見よ。MĀ D151b1のサンスクリット語対応文はMMA 14. 3-5を見よ。

は、他に依るあり方のものの上に構想されたあり方が捏造されていること、実世俗は、他に依るあり方のものが構想されたあり方を離れて成立していることである。したがって、後期中観派の二諦説における世俗は、瑜伽行派説と同様、二分依他の構造をとっている[51]。そして、勝義は、勝義無自性性として完成されたあり方であり、実世俗としての他に依るあり方それ自体についても構想されたあり方が否定され、完全に一切が無自性であることである。

[51] →【後註12】参照。

カマラシーラの「唯心」解釈

経典が説く唯心の教説については、カマラシーラは次のように解釈する。

またそれ（心）は他の経典の中でも無自性であると説かれるから、勝義に属するものであるとは捉えずに、その「心のみである」（唯心性）〔という教え〕は、勝義の教理の海に〔教化対象者を〕段階的に導くために説かれたに過ぎないと捉えるべきである。すなわち、一度に、すべての法が無自性であることを理解できない者は、まず、唯心〔説〕に依拠して、段階的に〔外界の〕対象の無自性性に〔悟〕入するのである。まさにそれゆえに、「正理によって考察している者たちにとって、所取と能取は消滅する（『入楞伽経』第一〇章一五四偈ab）」と説かれたのである。

その次に、心の自性を段階的に考察するならば、それ（所取と能取が滅した心）さえも無我であると理解して、深遠なる教理に〔悟〕入することになるであろう[52]。

カマラシーラは、唯心説を、外界の対象の無我・無自性・非存在を説く教えと解釈する。この点は、瑜伽行派の解釈と同じである。しかし、彼は、瑜伽行派とは異なり、勝義としては心それ自体の存在を認めない。心は勝義において無我・無自性であるので、唯心は勝義についての教説ではなく、世俗に位置付けられるべき教説として解釈される。カマラシーラは、そのように解釈した唯心説を、段階的に中観の真実智に入っていくための手段として用いる。即ち、中観思想が説く一切法無我・無自性性を一度に理解できない者は、まず、唯心説に依拠して外界の対象の無我を理解し、その後で、心自体の無我を理解するという、真実智への段階的な導きの手段として唯心説を用いるのである。

瑜伽行唯識学派の三性・三無性の説も唯心解釈も、本来は中観思想と両立不可

【52】MĀ D157a2-4. 校訂テキストと和訳は、計良（2019: 11-15）を見よ。

能であり、中観派には受け入れ不可能であるが、カマラシーラは、以上のように、それらを彼の中観思想に受け入れ可能となるように解釈し、完成されたあり方と勝義の無自性性以外は、世俗に位置付けられるべき教説として中観思想に組み入れ、瑜伽行唯識学派の思想の支持者たちをも中観の真実智へ導こうとする。これが、三性・三無性説・唯心説に関するカマラシーラ自身の思想的立場ということができるであろう。「瑜伽行中観派」というチベット仏教が提出する区分をどう理解するべきかという問題は別として、カマラシーラ自身の思想的立場は以上の通りである。シャーンタラクシタ自身の思想的立場も、ここまで述べたことの範囲内では、カマラシーラの立場と大きく異なることは無いだろうと思う。

中観思想の理論的基盤としてのダルマキールティの認識手段の理論

筆者は、計良（2012）において、ダルマキールティの正しい認識手段の理論が、カマラシーラの中観思想の理論的な基盤・中核となっていること等を説明した。ここでは、紙面の都合上、それの要点のみを纏めて説明する。詳細は右の拙稿その他を見ていただきたい[53]。

カマラシーラは、ダルマキールティの認識手段の理論を受け入れる。しかし、

【53】より詳しい説明は、KEIRA（2004）（2006）（2009）と計良（2016）を見よ。

ダルマキールティのその理論は事物（vastu）の成立を前提として成り立つ理論である。カマラシーラにとって、事物は一切、勝義として成立しない。ゆえに、その理論は、彼にとって、勝義のレベル・領域で成り立つ理論ではあり得えない。彼は、それを、世俗の真実のレベル・領域で、世俗の事物の成立を前提として成り立つ理論として受け入れるのである。[54] そして受け入れたその理論に依拠して、彼は、「世俗の事物であるのに、勝義として存在すると他者によって捏造された自性」を否定する無自性性論証を企てるのである。

カマラシーラは、一切法無我という真実の直接知覚、即ち真実智の成立を合理的に説明するために、ダルマキールティの「無知覚」（anupalabdhi）の理論に依拠する。無知覚の理論は、否定判断（たとえば、「ここに壺は無い」という否定判断）の成立根拠（hetu / sādhana）としてダルマキールティが確立した理論である。しかしながら、ダルマキールティのこの理論はそれ自体としてカマラシーラが求めるその直接知覚（真実智）の成立論証を可能とはしない。というのは、ダルマキールティのこの理論においては、「無知覚」（an-upalabdhi）という語の否定辞（an-）が、否定対象とは別の存在の成立を含意する定立的否定（paryudāsa）の形を採り、ある知覚可能な事物Xの無知覚、つまり「Xの知覚」

【54】 KEIRA（2004: 20-29）を見よ。

の否定は、「Xとは別のYという事物」（即ち「別の存在」（anyabhāva））と「Xの知覚」とは別である「Yの知覚」（即ち「別の知覚」（anyopalabdhi））との両者を含意し、その両者の成立無しには、「Xは非存在である」という判断は成立しないと考えられている。しかし、中観思想では、ヨーガ行者は、一切法・すべての事物についての無我・無自性性を直接的に理解するのであるから、カマラシーラは、一切法という事物の総体の外に、何らかの事物が存在することを、即ち「別の存在」が成立することを認めることができないのである。そこで、彼は、ダルマキールティの理論を応用し、その理論の適応範囲を拡大することにより、彼自身の無知覚解釈を打ち立て、中観派の真実智の成立論証を行うのである。

中観派の真実智の成立を認識手段によって根拠付けるカマラシーラ自身の無知覚解釈は、彼の修道論・実践論をもそれによって根拠付けることになる。その解釈は、真実智の成立を合理的に説明することにより、人が世俗から勝義へ入り聖者（菩薩）となることを、さらに智を完成して仏陀となる行程をも合理的に説明することを可能にするのである。

カマラシーラの中観思想の体系全体を見ると、一切法無我という真実を確定し、その真実についての智（真実智）を得ることが、修道論・衆生救済論（一乗思想）

をも含めたカマラシーラの中観思想の核心となっていることが分かる。[55] 右に説明したように、その真実智は、カマラシーラの無知覚解釈によって理論上成立可能なものとして根拠付けられ、そしてその彼の無知覚解釈は、ダルマキールティの理論の適応範囲を拡大することによって成立したものであった。したがって、ダルマキールティの理論とその理論の拡大がカマラシーラの中観思想の核心を形成していると言えるのである。

カマラシーラのシャーンタラクシタ批判――両者の見解・立場の相違

シャーンタラクシタとカマラシーラはどちらも、チベット仏教において、自立論証派の、そして瑜伽行中観派の学者と見なされている。両者の中観思想には共通する面が多い。しかし、シャーンタラクシタの『中観荘厳論』とカマラシーラの『中観荘厳論細疏』『中観光明論』等とを比較しつつ深く読み込んでいくと、両者の中観思想には見解・立場の違いもあり、カマラシーラがシャーンタラクシタの見解を批判・修正していると考えられる箇所も見付けられる。本節の後半では、カマラシーラによる批判二点を取り上げ説明することにしたい。

【55】 本章【後註9】参照。

『法集経』『入楞伽経』の経文に対する解釈の違い

『法集経』の一文「いかなるものも見ないことが真実を見ることである」は、『般若灯論』を初めとして、中観派のテキストにしばしば引用される。ジュニャーナガルバの引用と解釈については、先に説明した。[56] シャーンタラクシタは、『二諦分別論細疏』D18b7で、ジュニャーナガルバのその経文の解釈に対して註釈し、また、『中観荘厳論』九〇偈の註釈においては、自らその経文を引用する。カマラシーラも、『修習次第初篇』『中観光明論』等の著作で、その経文を引用する。しかし、彼のその経文の解釈は、シャーンタラクシタのそれとは異なっている。

カマラシーラは『中観光明論』D168b5でその経文を引用し、D169a1において、経文中の「見ないこと」(mthong pa med pa; a-darśana) という語の否定辞(a-)は、否定対象とは別の存在の成立を含意しない純粋否定(prasajya-pratiṣedha)の形を採るものではないと説明する。[57] 彼は、ダルマキールティの無知覚理論に従って、その否定辞を、純粋否定ではなく、否定対象とは別の存在の成立を含意する定立的否定の形を採るものと解釈するのである。

ここでは、ダルマキールティのその理論とカマラシーラの無知覚解釈の基本

【56】↓【後註13】参照。

【57】KEIRA (2004: 68-70; 99-103) を見よ。

的・中心的な考えのみを説明する。詳細は、拙稿（2004）（2012）を見ていただきたい。

ダルマキールティの無知覚理論は、「ここには壺が無い」というような否定判断を成立させる根拠（sādhana 論証根拠）として彼により確立された理論である。その理論の中心的な考えは、感官の障害等のないある人が、ある場所ある時に、ある対象を知覚するのに適当な状況にいるのだが、実際それを知覚しないとき、その人が、そこにその時、「その対象は非存在である」と判断するのは妥当であると考えるところにある。カマラシーラは、ダルマキールティのその理論を応用し、そしてその理論の適応範囲を拡大することにより、次のように言う。もし事物の勝義の自性が存在するならば、ヨーガ行者はそれらを知覚するだろう。しかし、彼らは、ヨーガ行者の直接知覚（yogipratyakṣa）の中で、そのような自性を知覚しない。それ故、彼らが「そのような自性は非存在である」と判断することは妥当である。カマラシーラの無知覚解釈は、事物のいかなる勝義の自性も見ないこと（無知覚）から、一切法の無自性性・無我という真実を直接的に理解する知、つまり真実智の成立を合理的に説明するために企てられた解釈なのである。

カマラシーラが「見ないこと」という語の否定は純粋否定の形を採るものでは

ないと述べた理由は、彼がダルマキールティの理論に従ったことによる。その語が純粋否定の形を採る場合は、「見ないこと」・「無知覚」、即ち「見ること」・「知覚」の純粋否定は、「知覚」の単なる欠如・非存在を意味することとなるので、何かを成立させる論証根拠（sādhana）とはなり得ないと考えているからである。単なる欠如・非存在は、一切の能力を欠いているから、何かを成立させる（論証する）ための原因・根拠とは成り得ないのである。【58】

彼の「「見ないこと」は純粋否定の形を採るものではない」という言明は、直接的にはシャーンタラクシタに対して述べられたと見なし得る。『二諦分別論』D4b1で引用される『法集経』の一文中の「見ないこと」という語について、シャーンタラクシタは、復註D18b7で、「「見ないこと」という〔語の否定辞〕は純粋否定〔の形を採るもの〕である」と述べているからである。つまり、シャーンタラクシタに対して、カマラシーラは、その経文中の「見ないこと」・「無知覚」を、ダルマキールティの理論に従って、成立根拠・論証根拠として、つまり真実智の成立根拠として解釈するべきだと述べているのである。

「見ないこと」・「無知覚」についての両者の解釈の違いは、『入楞伽経』第一〇章二五六～二五八偈、特に二五八偈cdに対する両者の解釈の違いとしても現れる。【59】

【58】 HB 27, 3-4とHB^{T} 176, 3-7, KEIRA（2004: 55; fns. 95, 96）を見よ。

【59】 ここからの内容の詳細は、計良（2019）を見よ。

二五六～二五八偈は、梶山（1969）（1979）で指摘されているように、カマラシーラとシャーンタラクシタの中観思想にとっては、修習（瞑想）の階梯、即ち一切法の無我・無自性性という真実へ悟入する（また、そこへ他者を導く）ための段階的な方法・行程を説いていると彼らが解釈する点で、非常に重要な詩頌と見なされる[60]。

シャーンタラクシタは、二五六～二五八偈を『中観荘厳論』の九二偈に対する註釈の中で引用する。その九二偈は「唯心に依拠して外界の事物は非存在であると知るべきである。この〔一切法無自性という中観派の〕教理に依拠して、その〔心〕さえも完全に無我であると知るべきである」と説き、その内容は基本的に二五六～二五八偈と同じであり、一切法無我の真実に悟入するための段階的な方法・行程を説いている。

ここでは、カマラシーラとシャーンタラクシタの解釈の違いを見るために、二五六～二五八偈の内、二五七偈cd～二五八偈の解釈に焦点を絞って説明する。そこで問題にされる「無二知」（advayajñāna）とは、瑜伽行派にとっては最勝の知であり、客体として把握されるもの（grāhya 所取）と主体として把握するもの（grāhaka 能取）という二つの知の区分を離れた知のことである。シャーンタラク

【60】真実に悟入する段階的な方法・行程は、二五六～二五八偈の内、特に二五六～二五七偈に説かれる。二五六～二五七偈についての説明は、計良（2012: 102–103）を見よ。

シタの『中観荘厳論註』が引用する二五七偈cd〜二五八偈は次のとおりである。

〔無二知さえも現れない〕無顕現〔の状態〕に住するヨーガ行者は、大乗（＝最高の真実）を見る。（二五七偈cd）

〔そのヨーガ行者の〕状態は、努力を要せず、寂静であり、諸誓願によって清浄である。**〔そのヨーガ行者は、無二知論者（瑜伽行派）にとっては〕最勝なる知を〔も〕無我であるとして、〔その知を、無二知の〕無顕現において見ないのである。**（二五八偈）

『中観荘厳論註』のこの引用を註釈するカマラシーラの『中観荘厳論細疏』は、『中観荘厳論註』での引用の読みを採用せず、カマラシーラが『修習次第初篇』で引用する二五六〜二五八偈の読みと等しい読みを採用して註釈を行う。カマラシーラが採用する読みは次のとおりである。

〔無二知さえも現れない〕無顕現〔なる知〕に住するヨーガ行者は、大乗（＝最高の真実）を見る。（二五七偈cd）

〔そのヨーガ行者の〕状態は、努力を要せず、寂静であり、諸誓願によって清浄である。**〔そのヨーガ行者は、無二知論者にとっては〕最勝なる知を〔も〕無我であると、〔無二知さえも〕無顕現〔なる知〕によって見るのである。**（二五八偈）

二五七偈cd～二五八偈では、「無知覚」に対する両者の解釈の違いが現れていると考えられる。カマラシーラは、ダルマキールティの無知覚理論に従い、「無知覚」をsādhana（論証根拠・成立させる根拠・手段）と解釈し、一切法無我の真実へ悟入する最終段階において、「無二知を見ないこと」即ち「無二知を見ること」の定立的否定が、「無二知を見ること」とは別の、「無二知さえも無顕現なる知」（＝無二知の無顕現を対象とする知）の成立を含意すると解釈する。そして成立したその別の知が無二知の無我を見るので、「その別の知によって、ヨーガ行者は、無二知を無我・無自性と見る」という意味で二五八偈cdを読んだのである。それに対して、シャーンタラクシタは、「見ないこと」という語の否定を純粋否定と解釈し、「見ないこと」・「無知覚」をsādhanaとして解釈しない。したがって、『中観荘厳論註』の二五七偈cdは「無顕現状態に住するヨーガ行者は大乗を見る」と説くが、シャーンタラクシタは「無顕現状態に住し全く何も見ないこと」を「大乗を見ること」のsādhanaとは考えていないだろうし、そもそも、ダルマキールティの無知覚理論に依拠して「大乗（最高の真実）を見ること」の成立根拠を説明しようとは考えていないはずである。そしてそのようには考えていないから、二五八偈cdにおいても、シャーンタラクシタは、無知覚理論に依拠して「無我・最高の真実を見ること」のsādhanaを説明しようとはしないのである。『中観荘厳論註』の二五八偈cdは「〔そのヨーガ行者は、無二知論者にとっては〕最勝なる知を〔も〕無我であるとして、〔その知を、無二知の〕無顕現において見ないのである」と説くのみで、「最勝なる知をも無我である」と見ることとのsādhana（成立させる根拠・手段）を全く提示しないのである。

シャーンタラクシタとカマラシーラはいずれも、経典の権威・経典採用方法に関するダルマキールティの立場を受け入れ、経文を採用・引用する場合は、経文の意味を認識手段によって考察し、経文が別様に解釈されないようにするため、またそれが他者によって否定・反駁されないようにするため、経文を認識手段によって補強して堅固にするべきであると考えている[61]。この経典採用方法に関する立場からすると、シャーンタラクシタの二五七偈cd〜二五八偈の読み、特に二五

【61】KEIRA（2006）（2009）と計良（2019）を見よ。

八偈cdの読みは、「見ないこと」・「無知覚」をsādhanaとして解釈しておらず、無二知・心を無我として直接的に理解・認識するための手段が説かれていないのであるから、カマラシーラから見れば、その読みは、ダルマキールティの無知覚理論によって堅固にされた経文の読みとは言えないということになる。

そして、無二知・心を無我として直接的に理解・認識するための手段が説かれていないのだから、これは、ヨーガ行者たちにとっては、修習（瞑想）の階梯を上がるための手段が説かれていないことになる。その無我の直接的な理解を得ることによって、ヨーガ行者は修習の階梯を上がるからである。したがって、シャーンタラクシタは、『中観荘厳論』九二偈で、「この〔一切法無自性という中観派の〕教理に依拠して、その〔心〕さえも完全に無我であると知るべきである」と説くが、実際どのようにして心を無我として知ることができるのか、その手段を彼は説いていないのだから、カマラシーラから見れば、シャーンタラクシタの「真実へ悟入するための階梯」の理論は成功したとは言えない、ということになるのである。

以上により、『中観荘厳論註』と『中観荘厳論細疏』の二五七偈cd〜二五八偈の読みの違い、特に二五八偈cdの読みの違いは、ダルマキールティの理論に従った無知覚解釈と経典採用方法の立場から、カマラシーラがシャーンタラクシタの解釈を批判していること、即ち、シャーンタラクシタが、中観思想の文脈では、「見ないこと」という語の否定辞を定立的否定と解釈せず、「見ないこと」をsādhanaとして解釈しなかったので、その結果、二五八偈dにおいて、「無二知の無我を見ること」の成立根拠・手段を提示しなかったことを批判し、二五八偈dを認識手段によって堅固とするために、またシャーンタラクシタの「真実へ悟入するための階梯」の理論の欠点を補うために、二五八偈dの読みを修正したということを意味すると考えられる。

二種中観道――世俗として外界の対象の存在を認める中観思想に対する立場

カマラシーラがシャーンタラクシタの見解を批判・修正していると考えられるもう一箇所は、真実智に入るための道・手段として、バーヴィヴェーカ（等）の世俗として外界の対象の存在を認める中観思想をどのように評価し扱うべきかを説く箇所である。

『中観荘厳論註』は、九一偈への導入箇所で、「因果関係を主張することにより、悪しき批判一切に答えようと欲する者たち〔にとっての〕〝世俗の存在〟が考察されるべきである。〔それは〕①心と心作用のみ（唯心心所）を本質とするものか、②外界を本質とするものか」と言う。『中観荘厳論細疏』は、「「それ（世俗の存在）が考察されるべきである」というのは、ここでは、二種の中観の道（dbu ma'i lam rnam pa gnyis）を考察するのである」と註釈する。ゆえに、その復註に従うと、「世俗の存在は唯心心所（略して、唯心）を本質とすると考える中観道」と「それは外界を本質とすると考える中観道」がここで考察されると理解可能だが、『中観荘厳論細疏』において、カマラシーラは、二種中観道についての自身の考えの詳細を何も説明しない。

だが、『中観光明論』の中に、彼が二種中観道を説明していると見なされる箇所がある。[62] 重要な点を予め述べておくが、『中観光明論』の説明から判断すると、カマラシーラは、『中観荘厳論細疏』で、詳しい説明を何もせずに、「二種の中観の道」という語を出したが、その語を出したことにより、「世俗の存在は外界を本質とすると考える中観道」に対するシャーンタラクシタの評価・扱いを批判・修正していると考えられるのである。『中観荘厳論註』と復註によると、世俗の存在は外界を本質とすると説く中観論者とは、バーヴィヴェーカのことである。『中観荘厳論註』は、最初に、②「世俗の存在は外界を本質とする」という考え

【62】計良（2016: 61-81）を見よ。

について説明し、その考えに依拠する者は次のように説くと言って、バーヴィヴェーカの『中観心論』第五章二八偈cdを引用する。この引用だけで、『中観荘厳論註』は、②の考えに対する説明を終えている。二八偈cdはバーヴィヴェーカの唯心解釈を示す詩頌である。彼の唯心解釈は既に説明した。[63] バーヴィヴェーカは外界の対象の非存在を意味する唯心解釈を受け入れないということだけを、『中観荘厳論註』は指摘するのである。

次に、『中観荘厳論註』は、九一偈とその註釈により、①「世俗の存在は唯心を本質とする」と説く者の考えを説明する。九一偈は、「原因と結果であるものは知のみに他ならない。知は〈知〉自身によって成立するものであると確立される」と説く。註釈は、「世俗の存在は唯心を本質とする」と説く者の考えを説明するに当たり、有形象知識論の説明から始める。註釈によると、外界に在ると理解される色形等についての直接的な知覚経験とは、外界の色形等それ自体を対象としているのではなく、知と別ではない（知に現れている）色形等の形象を対象としているのである。したがって、知に現れる形象を対象とした経験を本質とするという点で、それは、夢や幻等における色形等の経験と等しいのである。

このような有形象知識論は、外界の対象の存在を推理によって認める経量部的

【63】本書六四頁。

な立場においても成り立つ。経量部的な立場とは、知内部の形象は、外界の対象を原因として現れた結果であるので、結果からその原因存在を推理して、外界の対象が存在することを認める立場である。しかしながら、九一偈は「原因と結果であるものは知のみに他ならない」と言い、知内部の形象という結果の原因は、知とは別な、外界に実在する対象ではないと説くのである。したがって、「世俗の存在は唯心を本質とする」と説く者の考えとは、経量部的な考えではなく、外界の対象の存在を否定する唯心説であると考えられる。[64] 九一偈の註釈は、外界の対象の非存在が説かれたならば、『密厳《みつごん》経』や『解深密経』等での説明と一致したことになり、「外界の色形は存在しない。自分の心が外界として現れる」と説く『入楞伽経』第一〇章四八九偈abも正しく説明・解釈されたことになるのだと言い、その唯心説が、経量部的考えよりも、より好ましく勝れていることを示している。ゆえに、九一偈は、経量部的な考えではなく、それを否定した、より勝れた上位の、外界の対象の存在を否定する唯心説を提示し、その唯心説が、「世俗の存在は唯心を本質とする」と説く者の考えであることを説明していると理解すべきである。

「世俗の存在は唯心を本質とする」と考える者とは、「二種中観道」という註釈

【64】→【後註14】参照。

からすると、当然それは中観論者であろう。アバヤーカラグプタ（Abhayā-karagupta）が一二世紀初めに著した『牟《む》尼《に》本《ほん》宗《しゅう》荘《しょう》厳《ごん》論《ろん》』（*Munimatālaṃkāra*）は、二種中観道を説明していると見なされる『中観光明論』の箇所を引用する。そして『牟尼本宗荘厳論』の北京版等のチベット語訳三版に挿入されている註記（割註）は、『中観荘厳論』九一偈を、シャーンタラクシタ自身の考え・立場を示すものと見なして引用している。『中観光明論』は、シャーンタラクシタの唯心解釈・世俗の存在・認識対象についての思想的立場を次のように説明する。

> 他の者（シャーンタラクシタ）たちは言う。[65] 唯心とは、〔心が心〕それ自体で成立するという本性を持つことであるから、世俗としてまさに確立されるのだが、外〔界〕の対象は、世俗としても確立されないのである。心の形象以外に、それ（外界の対象）が成立することはないからである。それゆえ、そのこと（外界の対象は世俗としても確立されないこと）[66]が説かれるために、世尊は、諸事物は心のみに過ぎないのであると説いたのであるが、それ（心）は勝義として存在するのではないのである。他の経典の中で、それ（心）も無自性であると説かれたからである。[67]

【65】→【後註15】参照。

【66】この（ ）内の語句は、MMAの北京版等チベット語訳三版の割註による。

【67】→【後註16】参照。

シャーンタラクシタは、心は勝義として無自性であると考えるので、唯心の教説は、世俗の真実の理解に位置付けられる教説であり、唯心とは、心は心内部の形象を対象として把握することであり、外界の対象は世俗としても成立せず非存在であることを意味すると解釈する。彼は、外界の対象の存在を認める経量部的な立場を採らず、それは世俗としても非存在であるという唯心説の立場を採って、世俗の存在を説明しているのである。『中観光明論』のこの説明から判断して、『牟尼本宗荘厳論』のチベット語訳三版の割註が九一偈をシャーンタラクシタ自身の考えと見なすこと、そして九一偈とその註釈で説明される「世俗の存在は唯心を本質とする」と考える者（中観論者）はシャーンタラクシタであると見なすことは妥当であると考えられる【68】。

心自体を無自性性・無我として理解すべきであることは、『中観荘厳論』九一偈では説かれず、九二偈で説明される。九二偈は、「唯心に依拠して外界の事物は非存在であると知るべきである。この〔一切法無自性という〕教理に依拠して、その〔心〕さえも完全に無我であると知るべきである」と説き、心それ自体の無我を説くことによって、真実に悟入するための段階的な行程を説き示す。

【68】松本（1984）と比較せよ。

さて、『中観荘厳論註』と『中観荘厳論細疏』の説明からすると、九一偈の註釈において批判・否定されている、外界の対象の存在を認める経量部的な立場というのは、世俗の存在についてのバーヴィヴェーカの立場を意味するとも理解可能である。他方、「世俗の存在は唯心を本質とする」という立場は、シャーンタラクシタの立場であるから、その立場は、外界の対象を否定する点で、バーヴィヴェーカの立場よりも勝れ、思想的に上位であると説かれていることになる。

そうならば、ここで、次のことが問題となるだろう。世俗として外界の対象の存在を認める中観思想を説く者（バーヴィヴェーカ）は、どのような行程で真実に悟入して行くべきなのか。『中観荘厳論』九二偈の説明に従うならば、世俗として外界の対象の存在を認める中観論者は、まず、唯心説に従って外界の対象の非存在・無我を理解し、その後で、心自体の無我を理解することにより、真実に悟入するべきであるということになる。

しかし、このような段階的な行程の採用は、バーヴィヴェーカ自身が拒否することである。[69] 彼は、〔唯〕識（唯心）を採ってからそれを捨てる、つまり世俗の真実に悟入する段階においては、外界の対象を否定して唯識（唯心）であると認め、後に勝義の真実を目の当たりに理解するときにおいては、唯識（唯心）であ

[69] 本書一一九頁と本章註[23]を見よ。

ることも捨てるべきであると言うならば、後で泥を洗い流すよりも始めから泥に触れずに離れていた方が良いと説いている。[70] 彼は、外界の対象の無我と内界の心自体の無我とを、段階的にではなく、同時に理解するべきであると考え、外界の対象を否定する唯心説の採用を拒否するのである。

カマラシーラは、『中観光明論』の二種中観道を説明していると見なされる箇所で、最初に、シャーンタラクシタの唯心解釈、つまり外界の対象は世俗としても非存在であり、心自体は勝義として無自性であることを意味する唯心解釈を採用する立場を説明した後、次に、世俗として外界の対象の存在を認める中観論者の唯心解釈を説明し、そして最後に、カマラシーラは、次のような結論を述べる。

このように、世俗として、外界の対象が在るのでも良いし、唯心であるのでも良い。〔しかし、〕存在の真実の自性を疑いも無く説明するような、そのような教説は全く一つとして存在しない。[71]

カマラシーラは、バーヴィヴェーカのような、世俗として外界の対象の存在を認める中観論者の立場を批判・否定せず、その立場をも、真実・勝義の自性の存

【70】 PP D247a1, P309b6-7. PPT D298a1-3, P353a7-b1.

【71】 チベット語校訂テキストは、計良（2016: 110, 19-22）、サンスクリット語対応文は、加納・李（2018: 43. 2-4）を見よ。

在を認めない中観思想として、つまり一切法無我の真実に悟入する中観の道の一つとして受け入れているようである。つまり、シャーンタラクシタは『中観荘厳論』九二偈で一種の中観道しか提示しないが、カマラシーラは二種の中観道を認めるのである。カマラシーラは、瑜伽行派の学説支持者たちをも中観思想の真実智に導こうとしている点で、彼自身やシャーンタラクシタの中観道・中観思想の立場の方が、瑜伽行派との対立・対決姿勢を採るバーヴィヴェーカの中観思想の立場よりも勝れていると考えているだろうとは思うが、それでも、彼は、シャーンタラクシタとは異なり、外界の対象の存在を否定する唯心説を受け入れないバーヴィヴェーカのような中観論者は、まず始めに、そのような唯心説を受け入れることによって外界の無我を理解した後で、心自体の無我を理解して、一切法無我の真実に悟入するべきである、とは考えていないのである。

したがって、二種の中観の道を認めるカマラシーラは、一種の中観道しか提示しないシャーンタラクシタの考えを、即ち世俗として外界の対象の存在を認め、唯心説の採用を拒否する中観思想に対するシャーンタラクシタの評価・扱いを、批判・修正したと理解することが可能である。

カマラシーラは、二種どちらの中観道も、結果として、同じ真実智に到達すると考え、同一で唯一の真実智、即ち一乗によって涅槃《ねはん》・仏陀の智に向かうと考えているのである。ゆえに、彼の二種中観道の考えも、彼の一乗思想に基づき説かれたのだと考えられる。[72]

【後註1】チベット人学者チャンキャロルペードルジェ（lCan skya Ron ba'i rdo je 一七一七～一七八六）は、「東方自立の三」という語は、三人の師ではなく、彼らの主著三作品を指すと見なしている。三作品とは、ジュニャーナガルバの『二諦分別論』、シャーンタラクシタの『中観荘厳論』そしてカマラシーラの『中観光明論』である。

【後註2】『解《げ》深《じん》密《みっ》経《きょう》中聖慈氏品略疏』（*Saṃdhinirmocanasūtre ārya-maitreyakevalaparivartabhāṣya*）もジュニャーナガルバに帰されるが、これが『二諦分別論』の著者の作品であるかは、現時点では判定不可であると思われる。

【後註3】『法集経』の一文「いかなるものも見ないことが真実を見ることである」は、『般若灯論』D187b6, D247b3 等を初めとして、中観派のテキストにしばしば引用される。KEIRA（2004: 70–71, fn. 114; 99–101, fn. 151）を見よ。カマラシーラのこの経文の解釈については、KEIRA（2004: 47–86）と計良（2012: 98–107）を見よ。

【後註4】ジュニャーナガルバとシャーンタラクシタは、彼らの著作中で、「正しい世俗ではないもの」（yang dag pa ma yin pa'i kun rdzob; *atathyasaṃvṛti）という語を

【72】カマラシーラは、一乗思想における「乗」を真実智と解釈する。本章【後註9】と計良（2012: 107–108）を見よ。

用い、「偽（邪）なる世俗」（log pa'i kun rdzob; *mithyāsaṃvṛti 邪世俗）という語は用いていないようである。AKAHANE（2013: 87–89）参照。ハリバドラ（Haribhadra 獅子賢、八〇〇頃）著『現観荘厳論光明般若波羅蜜多釈』では、atathya のチベット語訳として log pa が用いられている場合もあるが、mithyāsaṃvṛti という語は使用されず、atathyasaṃvṛti が用いられている。AAA 594, 21 と P267a1 を見よ。mithyāsaṃvṛti という語を初めて使用したのは、カマラシーラだったのかもしれない。MAP D115a7, D115b6, MĀ D230a5, TĀ D272b4 と加納・李（2017: 13, 9–10）を見よ。

【後註5】『二諦分別論』一五偈の註釈で引用される『入楞伽経』第一〇章四二九偈と『般若経』は、『中観光明論』でも揃って同時に引用される。計良（2016: 47）を見よ。また、ジュニャーナガルバに先行して、アヴァローキタヴラタが『般若灯論註』D208b1–3 で『入楞伽経』第一〇章四二九偈を引用し、世俗諦を「誤認」として特徴付けていることに注意すべきである。『般若灯論註』（D73a5, D102b2）では、『中論』註釈者の一人として、チャンドラキールティの名前が出されている。アヴァローキタヴラタも『般若灯論註』第一章（D16a3–4）で「世俗」の語源学的解釈を提示し、チャンドラキールティと同様、「覆障」としての世俗解釈を採用する。しかし、「世俗」（saṃvṛti）の saṃ の語源学的解釈は、チャンドラキールティの解釈と異なっている。

梶山（2010: 31）を見よ。

【後註6】ECKEL（1987: 171, 18–20）: phyin ci log ni 'jig rten na grags pa ste / rigs pa'i mtshan nyid gsum ji ltar 'jug pa de ltar bden no zhes bya ba'i bar du'o //.「誤り（真実を覆う知）とは、世間における一般的な理解であり、正しい推論（yukti 正理）がもつ、〔論証因の〕三種の特徴付け（因の三相）が機能する範囲内で真実（satya 諦）であるという意味である。」

【後註7】ECKEL（1987: 176, 17–21）. 原子（paramāṇu 極微）は、物体を構成する最小単位であり、これ以上分割できない、部分を持たないものと特徴付けられている。諸原子の結合・集結の仕方について、原子を異なる方位から考察するならば、方位に応じて、原子に東西南北等の面・部分が在ることになるので、「部分を持たない」というその特徴に反する。ゆえに、最小単位としての原子の存在が否定されるのである。

【後註8】ここでは、彼ら二人の中観論書における思想を説明するが、世俗についてのジュニャーナガルバの思想的立場に関するチベットの学者たちの諸見解はどれも部分的・一面的であったように、シャーンタラクシタとカマラシーラの『真実綱要』『真実綱要細疏』における思想が、彼らの中観論書における思想に連結するものとして、彼らの思想を全体的・総合的に見る場合、彼らを瑜伽行中観派の学者と見なすチベット仏教の見解は果たしてどこまで妥当と言えるのか、今後検証する必要があるだろう。

【後註9】カマラシーラの衆生救済論の核となる一乗（ekayāna）思想においては、一切の衆生は如来蔵（tathāgatagarbha）を有し、この上ない正しい悟り（anuttarā samyaksaṃbodhi 無上正等覚）の本性を有するので、発心し修行すれば、その悟りに達することも可能である。瑜伽行派のヨーガ行者や声聞（説一切有部や経量部等）のヨーガ行者達でも、中観派の説く瞑想の階梯についての考えを受け入れ、それに従うことにより、中観派の説く瞑想に住し、真実智を獲得し、その結果、無上正等覚に到達可能となるのである。一乗思想の「乗」（yāna）が真実智を意味することを含め、より詳しくは、KEIRA（2009: 3, fn. 7）と計良（2012: 107-108）を見よ。

【後註10】MĀ D151a2-7. 計良（2016: 32-34）と計良（2013: 20-21）を見よ。MĀ D151a2-3 のサンスクリット語対応文は MMA 13, 14-14, 1 を、『解深密経』の引用は SNS 69, 33-70, 2 を見よ。

【後註11】本書一一六頁と『二諦分別論』八偈 d とその註釈を参照せよ。一般的な理解（pratīti）の範囲を超え出て構想されたものが邪世俗であることについては、『中観光明論』D230a4-5 も見よ。

【後註12】二分依他について。瑜伽行派の三性説は、本来、汚れた煩悩の世界を否定して清浄の世界を実現するというヨーガ行者による修行の一環として理解されるべきものである。三性の中心は他に依るあり方であり、それを軸として、構想されたあり方から完成されたあり方へと修行者の認識の転換が行われるのである。つまり、他に依るあり方が二つに分けられ、構想されたあり方がそれの汚れた状態で、完成されたあり方がその清浄な状態であり、汚れた状態としての他に依るあり方が清浄な状態の他に依るあり方へと転換するのである。他に依るあり方はこのような構造を持つことから、二分依他と言われ、二分依他の考えは『摂大乗論《しょうだいじょうろん》』において特にはっきり説明されている。長尾（1982: 376–377, 2.29A）と服部・上山（1970: 154）を見よ。

【後註13】本書一〇三頁と本章【後註3】を見よ。バーヴィヴェーカの解釈については、KEIRA（2004: 99–101, fn. 151）、加えて『般若灯論』の『中論』第一八章七偈に対する註釈、特にD187b3-6を見よ。

【後註14】『中観光明論』の説明によれば、世俗として外界の対象の存在を認める中観思想は、経量部的な有形象知識論の立場を説く。計良（2016: 77–78）を見よ。以下に見るように、シャーンタラクシタ自身の中観思想の世俗の立場は、外界の対象の存在を認める経量部的なものではない。

【後註15】『牟尼本宗荘厳論』チベット語訳三版に挿入される割註とチベット人テンダル（bsTan dar 一八三五～一九一五）の『中観光明論』に対する註釈によると、この「他の者」は、シャーンタラクシタである。計良（2016: 61–62, fn. 138）を見よ。

【後註16】校訂テキストと和訳は、計良（2016: 106,6–11; 61–62）を見よ。『牟尼本宗荘厳論』チベット語訳三版に挿入される割註の『中観荘厳論』九一偈の引用についてては、同論文 fn. 138 を見よ。

第二部　中道思想としての中観思想

第二部では、カマラシーラの縁起《えんぎ》思想と中道《ちゅうどう》思想をより深く掘り下げて考察し、思想史研究の立場から、彼の中観思想は、非有非無《ひうひむ》の中道をどのように解釈するのか、中道を実践し生きるとはどのようなことか、その生き方が目指す最終的な形とは何かを明らかにする。

第一章　縁起思想

一　外縁起・内縁起

縁起が二種に説かれた理由

　縁起を外界の縁起（外縁起）と内界の縁起（内縁起）に分けて説明する仕方は、『入楞伽経《にゅうりょうがきょう》』やナーガールジュナに帰せられる『十二門論』（観因縁門第一）そして中観論書にしばしば引用される『稲芋経《とうかんきょう》』、等に見られる。【1】ここでは、『稲芋経』とそれに対するカマラシーラの註釈『稲芋経広釈』に依拠して、外縁起と内縁起の内容と、縁起がそれら二種として説かれた理由を説明する。

　『稲芋経』は、まず、「この縁起は二つの作因（kāraṇa）によって生じるのである。どのような二つによってか。即ち、原因（質料因）に依拠することによって

【1】→【後註1】参照。

と条件（共働因・補助因）に依拠することによってとである。それもまた二通りに見られるべきである、外〔縁起〕と内〔縁起〕とである[2]」と述べて、外縁起の「原因に依拠すること」と「条件に依拠すること」の二つ、そして内縁起のそれら二つを順々に説明していく。

外縁起の「原因に依拠すること」は次のように説明される。「種から芽が、芽から双葉が、双葉から葉片が、葉片から茎が、茎から節が、節から蕾《つぼみ》が、蕾から萼《がく》が、萼から花が、花から実が〔生じることである〕。種が無いならば、芽は生じない。乃至、花が無いならば、実は生じない。然るに、種が在る場合、芽は成立することになる。同様に、乃至、花が在る場合、実が成立することになるのである[3]。」

外縁起の「条件に依拠すること」は、地・水・火・風・虚空・時間という六要素が集まることから見られるべきであり、外界のこれら六要素が完全である場合、それらが集まることによって、種から芽が生じること、乃至、花から実が生じることが成立する[4]。

内縁起の「原因に依拠すること」は、十二支縁起の形で説かれる。「無明《むみょう》を条件として諸行《しょぎょう》（潜在的形成力・業）が、乃至、生を条件として老・死が〔ある〕

【2】ŚS 101, 9–11. ŚST D 155a6-7, P185b8-186a1.

【3】ŚS 101, 11–15.

【4】ŚS 101, 20–27.

ということである。無明が存在しないならば、諸行が生じることはない。同様に、乃至、生が存在しないならば、老・死が生じることはない。しかし、無明があるとき、諸行は成立することになるのである。同様に、乃至、生があるとき、老・死は成立することになるのである。[5]」

内縁起の「条件に依拠すること」は、地・水・火・風・虚空・識《しき》という六要素が集まることから見られるべきであると説かれる。身体と結び付くこれら内界の六要素が無い場合、身体は生じないが、各要素が全て完全である場合、それらが集まることによって、身体が成立することになる。[6]（それらが集まって成立したものに対して、「私」や「私のもの」という観念等の様々な誤った認識から成る無明が成立すると考えられる。）

以上、原因と条件に依拠する縁起は、外縁起と内縁起のいずれにおいても、条件としての六要素が完全である場合、原因から結果が生じることが成立する。つまり、条件が完全である場合、「これ（原因）あるときかれ（結果）あり」という形の縁起、即ち此縁性《しえんしょう》が説かれている。外縁起も内縁起も、此縁性の縁起として区別なく等しいのである。

カマラシーラの註釈は、外と内の二種の縁起が説かれた理由を次のように説明

【5】ŚS 102, 19-22.

【6】ŚS 102, 28-103, 6.

する。

その〔原因と条件に依拠する縁起〕に関して、凡愚なる者たちは、内なる認識領域（諸内処）に対しては「私」（我《が》）として執着し、外の対象領域（諸外処）に対しては「私のもの」（我所《がしょ》）として執着する。両〔領域〕に対する執着を除去するために、縁起が〔外と内の〕二種に説かれたのである。外〔縁起〕と内〔縁起〕は、〔どちらも〕無我であり、〔原因と条件に依拠する〕縁起である点で*、等しいからである【7】。

「私」「私のもの」という執着を除去するために、縁起は内と外の二種に説かれたのである。ここで、外縁起と内縁起どちらも、無我であり、原因と条件に依拠する縁起である点で等しいと説かれている。カマラシーラの縁起思想は、外界も内界も同一の原理、即ち此縁性の縁起によって説明するのである。そして、内と外どちらの縁起においても、真実在の行為主体としての「私」（我）は成り立たないので、両縁起はどちらも無我である。勝義においては、どちらも不生起・無自性と理解するべきであろう。

【7】ŚST D155a7-b2, P186a2-3.（*敦煌写本（IOL 189）によりテキストをba'iからbarに修正。IOL 189の読みは、SCHOENING（1995: vol. 2, 489, 9-490, 2）を見よ。）

カマラシーラは、このように、内と外の二種の縁起の理解の仕方を説明する。だが、彼はさらに、縁起の理解の仕方としてより重要なことを説いている。それを次に見ていこう。

二　縁起の二つの側面

縁起をどのように理解すべきか？

カマラシーラの『稲芊経広釈』によると、縁起は、勝義《しょうぎ》と世俗という二つの側面（tshul; *rūpa）から理解されなければならない【8】。

縁起は、勝義と世俗という二側面から理解されるべきである。捏造と否認という〔二〕極端を排除するためである。〔縁起の〕勝義の側面のみを修習（瞑想）したならば、否認という極端に陥って、断見や声聞の涅槃に留まるであろう。〔縁起の〕世俗の側面のみを修習したならば、捏造という極端に陥る〔であろう〕。ゆえに、両側面から〔縁起を〕修習したならば、二極端が排除されるので、中道に入るであろう【9】。

【8】このtshul（*rūpa）については、BhK I 216. 16–18の用例を参考とした。本書二二〇頁を見よ。また、八八頁で説明した『入中論』第六章二三偈と自註も参照せよ。

【9】ŚST D151b6–152a1, P181b7–8.

縁起をそれら両側面から理解することにより無いものを有ると見なす「捏造」(samāropa 増益《ぞうやく》)と有るものを無いと見なす「否認」(apavāda 損減《そんげん》)という二つの極端が排除される。その二極端が排除されることにより、中道に入るのである。縁起の勝義の側面のみを理解して修習(瞑想)したならば、一切は常に完全に不生起で非存在であると誤解してしまい、縁起する事物は世俗としては存在するこ と、非存在ではないこと(非無)を理解せず、その存在を不当に否認してしまうので、否認という極端(即ち、無という極端)に陥る。その結果、因果の流れに断絶を見る断見や声聞《しょうもん》たちが欲する涅槃《ねはん》に安住することになってしまう。また、縁起の世俗の側面のみを理解して修習したならば、一切は存在する、真実在であると誤解して、縁起する事物は勝義としては不生起で存在してはいないこと(非有)を理解せず、勝義としての存在を捏造してしまうので、捏造という極端(即ち、有という極端)に陥る。それゆえ、縁起は、勝義と世俗の両側面から理解しなければならないのである。

縁起の勝義の側面

縁起の勝義の側面とは、カマラシーラによると、幻等のような、原因や条件に依存して（縁《よ》って）生じた法・事物（vastu）が不生起であることである。[10] 無明等の縁起の支分は、幻等と同等に、原因と条件に縁って生じた法・事物であるが、過去・未来・現在の三世いずれでも、勝義としては不生起である。ゆえに、『法《ほう》集《じゅう》経』中で、「不生起の教えは真実であり、それ以外の教えは虚偽である」と説かれたのだという。[11]

註釈中で、彼は、縁起・縁って生じた事物を不生起として理解することに対する対論者からの反論に答えていく。議論の幾つかを挙げると、まず、対論者が「縁起は、縁って生じるのであるから、どうして不生起という側面を〔持つと〕考えるのか」と言うならば、[12] 勝義として、縁起には生起するいかなる自性（恒常不変の本性）も無いので、縁起するものは幻や影像と区別が無い。ゆえに、『弘《ぐ》道広顕三昧《どうこうけんさんまい》経』で、「諸条件（諸縁）から生じるものは不生起である。それが生じることは、自性からしてない」と説かれたのだという。[13]

また、「縁起は、事物がそれ自体から生起することではないが、絶対神（主宰神）等の他体により作られることではないのか」と言うならば、縁起には、非仏教徒により構想された絶対神のような恒常な原因等の不正因（viṣamahetu）は無

【10】→【後註2】参照。

【11】ŚST D152a1-2, P181b7-8.

【12】法成著『大乗稲芉経随聴疏』（大正85. 549b8-9）：「此現有生。何故言不生耶。」

【13】ŚST D152a7-b2, P182a8-b2.

く、縁起はそのような恒常・不正な原因によって作られることではないし、無因として成立することでもないという[14]。

【14】ŚST D152b2-4. P182b3-4.

さらに、「縁起を、不生起等の勝れた性質をもつものとして、どうして全ての者が知ることはないのか」と言うならば、不生起等の勝義は、客体として把握されるべきもの（所取）と主体として把握するもの（能取）という二つの区分を持つ通常の知の対象とはならないからであり、不生起等の勝義は、認識対象が現れず、概念的拡散（戯論《けろん》）の無い非日常的な知（出世間知）、つまり、所取と能取の二区分を離れた無二知さえも無顕現なる知によって直接的に理解されるのである。そのことが、「いかなるものも見ないことが真実を見ることである」という『法集経』の文により理解されなければならないという[15]。

【15】ŚST D152b7-153a2. P183a1-4.

縁起の世俗の側面

「縁起」とは、生じるための原因を持っており、条件を持っているのであり、無原因・無条件ではない。縁起、即ち縁って生じた法は、勝義として不生起であるけれども、世俗としては、幻や影像のように、各々定まった様々な原因・条件に依拠して生起する。これが、縁起の世俗の側面である[16]。

【16】→【後註3】参照。

カマラシーラによると、このように、勝義と世俗という二諦は、縁起、即ち縁って生じた法・事物の二つの側面なのである。【17】

【17】 → 【後註4】参照。

世俗としての縁起・此縁性

カマラシーラの註釈では、外縁起と内縁起は、世俗の側面として理解されるところの縁起が、それら二種に分けられ説明されるのである。しかし、二種どちらも、「これあるときかれあり」という此縁性として区別なく等しいのである。

シャーンタラクシタとカマラシーラの此縁性解釈は、序論で説明した。「これ（原因）あるときかれ（結果）あり。これ生ずるがゆえにかれ生ず」という此縁性における原因と結果との時間的関係は、完全な原因が生起した瞬間（刹那《せつな》）を第一瞬間とすると、結果は、直後の第二瞬間に生起すると考えられている。結果は、原因と同時に存在することはない。原因も瞬間的な存在であるから、第二瞬間には消滅するので、彼らの解釈では、原因は、第二瞬間に生起する結果と同時に存在することにはならない。つまり、結果は、第一瞬間に生起して未だ消滅していない原因に依拠して、第二瞬間に生起する。此縁性は、「第一瞬間に生起した原因に依拠して、それが消滅する第二瞬間において、結果が生起すること」と解釈されるのである。この解釈は、『稲芊経広釈』(P187a8-b2, P193b7-194a4)においても説かれていると見なし得る。

『稲芊経』では、外縁起でも内縁起でも等しく、此縁性における原因と結果との時間的関係が、「原因(たとえば、種)が消滅すると、まさにそのとき結果(たとえば、芽)が生じるのである」と説かれており、原因の消滅と結果の生起が同時に起こることが、「天秤の両端の上下運動」という喩例でもって説明されている。たとえば、外縁起では、「種が滅すると、まさにそのとき、天秤の両端の上下運動のように、芽が生じるのである」と説明される。原因が消滅すると同時に結果が成立するのだから、原因と結果とが恒常的に存続し関係し続けるのではないが、他方、結果は、未だ消滅していない原因に依拠して、原因が消滅すると同時に生じるのだから、原因と結果の流れは断絶しているのでもない。「天秤の両端の上下運動」という喩例は、原因と結果の流れの非断絶性を説明するために、つまり、因果の流れに断絶を見る考え(断見)を排除するために用いられているのである。

此縁性の勝義としての否定

世俗として観察・理解されるべき此縁性という縁起が説く原因と結果の時間的

関係は、カマラシーラの『中観光明論』での議論も考慮に入れて説明すると、次の①②③ではなく、④であることになる。

①結果は原因の前に存在する
②原因と結果とは同時に存在する
③結果は、原因が生起する第一の瞬間（刹那）から別の瞬間によって隔てられた第三の瞬間以降において存在する
④結果は、原因の第一瞬間から間隔を置かずに、第二瞬間において存在する。

カマラシーラは、『真実綱要細疏』等の中で、右の④を、此縁性という世俗の縁起の正しい解釈として受け入れるのであるが、『中観光明論』（D195b1–198a5）においては、その④を勝義において否定する論証を展開する。原因の瞬間と結果の瞬間とが、間隔を置かずに存在し接触するならば、瞬間はその部分でもって他方の瞬間に接触するのか、瞬間全体として他方の瞬間に接触するのかのいずれかである。瞬間（kṣaṇa 刹那）とは時間の最小単位で、原子（極微《ごくみ》）という物体を構成する最小単位の特徴と同様に、これ以上分割しえないもの、部分を

持たないものと考えられている。したがって、部分を持たない瞬間が、その部分でもって他方の瞬間に接触することはあり得ない。また、部分を持たない瞬間が、その瞬間の全体でもって他の瞬間と接触し結合するならば、二つの瞬間は同体化し、単なる一つの瞬間となってしまうだろう。その結果として、永劫の時も一瞬間となってしまうであろう。したがって、右の④の解釈は、勝義としては正しくないのである。その④は、「これあるときかれあり」という原因と結果の流れの非断絶性、または断見の排除を世俗として説いただけであり、勝義として説いたのではないのである。「これあるときかれあり」という縁起（此縁性）は、世俗としての縁起と理解されるべきであり、勝義ではないのである。

さらに、その④の解釈が勝義としては正しくないということは、諸存在の瞬間性（有為《うい》法の刹那性）の理論は、世俗として成り立つことであり、勝義としては成り立たないことを意味する。諸存在の瞬間性の理論は、諸存在の無常性を説明するために、説一切有部《せついっさいうぶ》等の部派が説いた理論であった。このことから、仏陀によって説かれた三法印の一つ、「諸行無常」（「原因と条件によって作られたものはすべて無常である」）という真実は、諸存在の瞬間性と世俗の縁起とによって説明される世俗的な真実ということになる。中観思想において「諸行無常」は勝義的な真実ではないことが、ここでは明瞭に理解できるであろう。

縁起と二諦

縁起は勝義と世俗の二側面を持つと理解されなければならない。両者をそのように理解することは、世俗として原因に縁って結果が生起するところの縁起、即ち原因に縁って生じた事物それ自体が、勝義としては不生起であると理解することである。つまり、勝義という真実は、世俗として縁って生じた事物、即ちこの現実世界から乖離・離存する仕方で考えられているのではない。勝義とは、現実世界から乖離した天界のような理想世界ではなく、縁って生じたこの世界において理解され確立されることなのである。

縁起・勝義・平等性

縁起の勝義の側面を理解する場合、縁起即ち縁って生じた事物一切は不生起であり、無我・無自性・自性空である。一切が無我・不生起・無自性であることが、勝義であり、真実である。一切が無自性・自性空であると理解して、一切の事物に対する執着を捨てるべきであると経典等でも説かれるのであるが、縁って生じた事物一切を勝義として無我・不生起と理解することは、事物に対する執着の除去のみならず、一切についての真の平等性を理解する知を確立することでもあるのである。『稲芋経広釈』（D154a4–5, P184b1–2）においては、「勝義の法（真実）を理解する者は真実知を具えている。真実知を具えている者は平等性の知を確立している」と説かれている。真実知は、一切を無我・不生起・無自性・空《くう》と理解する点で、平等性の知でもあるのである。

『稲芋経』と『稲芋経広釈』では、縁起は、世俗として外縁起と内縁起に分けられ、どちらも無我であり、縁起（此縁性）として等しいと説明されていた。両縁起がともに勝義として無我・不生起・無自性であると理解される場合には、そこにはもう、外界と内界の区別は成立しないと理解するべきであろう。一切が不生起であり、無自性であり、寂滅しているからである。外界と内界の区別が成立せず、一切が無我・不生起・無自性と理解される場合にこそ、一切は真に平等であり、一味《いちみ》であると理解されるのである。一切の事物の真の平等は、事物各々の存在（有）の状態においてではなく、それらが不生起・無自性・空であることにおいて理解されるのである。勝義としての不生起・無自性・空性《くうしょう》が、一切の真の平等性の根拠である。そしてその平等性は、この現実世界から乖離して成り立つようなことではなく、この現実世界それ自体の勝義であり、真実であり、本質である。

【後註1】LAS 82-83.『十二門論』はナーガールジュナに帰せられるが、五島（2012）によると、その著者は「四世紀中頃を中心に活動した人」であり、鳩摩《くま》羅什《らじゅう》による編集あるいは著作という可能性が高いという。また、「外と内の縁起」という語は『般若灯論註』D84a7にも見られる。

【後註2】『真実綱要』六偈《げ》abに対する彼の註釈に提示される、「縁起」(pratītyasamutpāda) という語の語源学的説明から明らかであるが、カマラシーラは「縁起」と「縁って生じた〔事物〕」(pratītyasamutpanna) とを同一視する。「縁起」に対する彼の語源学的説明は、MATSUOKA (2019: 139-164) を見よ。両者の同一視は、『中論』第二四章一八偈に対するカマラシーラの解釈にも見られる。本書一九六頁と第二部第二章【後註2】を見よ。

【後註3】ŚSṬ D154b1-2, P184b6-8. 法成は、ŚSṬのここでの「縁起」を「縁生之法」（縁って生じた法）として理解する。『大乗稲芉経随聴疏』（大正85, 550a5-7）：此則能除無因之見。此縁生之法。於第一義雖無有生。然約世諦如幻如化仮因仮縁有施設故。

【後註4】チャンドラキールティは、『入中論』第六章二三偈とその自註において、内界と外界の一切の事物は、世俗と勝義という二重の性質を持つと考えている。本書八八頁を見よ。他方、バーヴィヴェーカは、『中観心論』第二章一〇偈cdに対する『論理の炎（思択炎）』(D52b7–53a2) の註釈によると、二諦説に依拠して、縁起(pratītyotpāda) は二種、即ち「世俗〔諦〕に依拠する縁起」と「勝義〔諦〕に依拠する縁起」とに分けられると考えている。しかしながら、彼は、世俗と勝義の二諦を、縁起の二つの側面・性質としては説明していないようである。

第二章　中道思想[1]

一　中観思想における中道解釈の展開

『中論』第二四章一八偈の解釈について

中観思想は、中道を観る思想、つまり中道思想である。この思想がどのように定義されるかは、中道の解釈に依存する。インド大乗仏教において、中観論者たちは、中道は有と無との二極端を離れることによって確立されると認めている。しかし、彼らの中道解釈を分析すると、それは全く同じというわけではないことが分かる。

『中論』第二四章一八偈《げ》において、ナーガールジュナが「中道」(pratipat [...] madhyamā) という語を使用していることは既に見た[2]。彼が『中論』の中でその

【1】本章の内容は、KEIRA (2023) に基づくものである。

【2】本書五五頁。

語を使用するのはたった一回である。その偈は次のように言う。「縁起を空であると我々は説く。それは〔質料因等に〕依拠しての表示（概念設定）であり、それこそが中道である。」彼の考えと彼の註釈者たちの解釈とを分析すると、この偈の「中道」という語の解釈に、相違や歴史的な展開を見ることができる。

ナーガールジュナは、仏陀によって教示された縁起を空であると説き、一八偈cdにおいて、「それは〔質料因等に〕依拠しての表示（概念設定）であり、中道である」と言う。チャンドラキールティの『明句論』によると、「空であること」（空性《くうしょう》）が〔質料因等に〕依拠しての表示（概念設定）であり、中道である。即ち、「自性の空」（svabhāvaśūnyatā）は、〔質料因等に〕依拠しての表示・概念設定であり、その表示・概念設定は自性としては不生起である。ゆえに、「自性としての不生起」は「空であること」（空性）を意味するのであるから、「自性の不生起として特徴づけられる空性」（svabhāvenānutpattilakṣaṇā śūnyatā）それこそが中道である。『中論』註釈者、たとえば、青目《しょうもく》（*Pingala 四世紀頃）は、この中道を、有と無の二極端を離れていること、つまり非有非無《ひうひむ》の中道と解釈する。[3] この解釈は、『中論』でのナーガールジュナ自身の言明によって正当化され得るので、妥当と言えるだろう。[4] 即ち、彼は『中論』第一五章三〜七偈で次のように

【3】青目註『中論』大正30. 33b18：「離有無二辺故名為中道。」

【4】この一八偈によりナーガールジュナが説明する中道については、斎藤（2017: 108–118）を見よ。

言う。「自性《じしょう》が存在しない場合、どこに他性があるであろうか。他の存在物にとっての自性が他性と言われるのだから。（一五章三偈）」「自性と他性を除いて、どこに存在物があろうか。自性と他性があるときに、存在物は成立するのだから。（一五章四偈）」「存在が不成立ならば、非存在〔も〕成立しない。存在が変異したものを非存在と人々は言うのであるから。（一五章五偈）」「自性と他性、存在と非存在とを見る者たちは、仏陀の教説における真実を見ない。（一五章六偈）」「存在と非存在とを知る世尊は、『カーティヤーヤナ教誡〔経〕』の中で、「存在すること」と「存在しないこと」の両者を否定したのである。（一五章七偈）[5]」既に説明したが、『カーティヤーヤナ教誡〔経〕』は、「如来《にょらい》（仏陀）はこれら〔有と無の〕両極端に近づくことなく、中〔道〕によって法（教え）を説くのである」と述べる初期経典である。[6] この場合の仏陀の教えとは、十二支縁起である。

したがって、ナーガールジュナとチャンドラキールティによると、一八偈dの「中道」という語は、二極端を離れた「空性」（＝縁起《えんぎ》）を指しているのである。

『無畏論』とブッダパーリタの解釈

四世紀頃に著されたと考えられる『中論』註釈書『無畏論《むい》』（*Akutobhayā*）と、

【5】斎藤（2011: 22）を参照。

【6】本書五七頁。

ブッダパーリタ（三七〇～四五〇頃）による『ブッダパーリタ根本中論註』（*Buddhapālita-mūlamadhyamakavṛtti*）とにおいては、中道は勝義《しょうぎ》として成立することと解釈されている。[7] 次の文は、『中論』第一五章に対する『無畏論』の最後に説かれる文であり、同文は、『中論』同章に対するブッダパーリタの註釈の最後に結論として引用される。

> 以上のように、諸事物を「存在する」または「存在しない」と見ることは、多くの誤りに陥るので、「諸事物は無自性である」ということが、真実を見ることであり、中道であり、それこそが勝義が成立することである。[8]

バーヴィヴェーカとアヴァローキタヴラタの解釈

バーヴィヴェーカは、『般若灯論』の中で、第二四章一八偈dの「中道」という語が何を指しているのかについて、あまり明瞭には註釈していないのであるが、アヴァローキタヴラタの復註『般若灯論註』によると、バーヴィヴェーカは、その語を、単に二極端を離れた「空性」や「勝義」を指示するものとしては使用していない。『般若灯論註』によると、その語は、二種の中道を指示するのである。

【7】YE（2017: 163-170）を見よ。

【8】ABh D61b7, P72b1-2（= BPMMV 206, 11-14）. SAITO（1984: Part 206, 13-16）参照。

世間的活動（＝世俗）としても、「あるもの（原因）に依って存在するもの（結果）は、まずそれ（原因）とは同一でもないし、別異でもない。ゆえに、それ（原因）は、断絶しているのでもないし、恒常なのでもない（一八章一〇偈）」という仕方によって中道であるし、勝義としても、「他に依っては知られず、寂静であり、〔さまざまな〕言葉によって概念化されず、概念的思惟を離れ、多義でない。これが真実の特徴である（一八章九偈）」という仕方によって中道である。【9】

『般若灯論註』によると、世俗において理解される中道と勝義において理解される中道との二種の中道があるのである。【10】アヴァローキタヴラタのこの解釈は彼の独創ではないようであり、むしろ、彼の解釈は、『中論』第一八章一〇偈と九偈に対するバーヴィヴェーカの註釈に従っている。『般若灯論』の中で、バーヴィヴェーカは、その一〇偈を世俗の真実（kun rdzob pa'i de kho na）の特徴を説明したもの、そして九偈を勝義の真実（don dam pa'i de kho na）の特徴を説明したものと見なしているのである。【11】

【9】PPT D242a1-2.『中論』第一八章一〇偈と九偈がこの文中に引用されている。
【10】→【後註1】参照。
【11】PP D190b1-2. PPT D91a3-4 も見よ。

一〇偈の内容から判断して、世俗において理解される中道とは、原因と結果とについて、同一性と別異性や「断絶しているという見解」（断見）と「恒常であるという見解」（常見）というような二極端から離れていることのようである。他方、勝義において理解される中道とは、九偈の内容から推測すると、概念化されず、「存在」や「非存在」という概念を離れている勝義の真実の特徴として理解されることと考えられる。

二　カマラシーラの『中論』第二四章一八偈解釈

シャーンタラクシタは、正しい世俗（実世俗）の特徴を説く『中観荘厳論』の六四偈に対する自註の中で、『中論』第二四章一八偈を引用する。彼は引用するだけで、一八偈に対して註釈しないのだが、カマラシーラの一八偈解釈は、彼の『中観荘厳論細疏』の中に見付けることができる。彼のその註釈は、偈中の「中道」という語を、二極端を離れた空性を指示するものとしても、また先述の二種の中道を意味するものとしても解釈していない。彼の解釈は、ナーガールジュナと彼の註釈者たちの考え・解釈とは異なっているようである。

「縁起を空であると我々は説く（一八偈ab）」に対する彼の解釈から見て行こう。

> 縁《よ》って生じた（pratītyasamutpanna）諸事物自体は、勝義の自性を欠いているから、空であると言われるのであり、うさぎの角と等しい本性を持つがゆえに、〔空であると言われるの〕ではない。したがって、〔諸事物の空性は、〕実際に経験される物事等と矛盾しない。[12]

【12】MAP D115b1-2 P121b2-3.

カマラシーラは、一八偈aの「縁起」（pratītyasamutpāda）を「縁って生じた〔諸事物〕」と解釈する。この解釈は、彼が『真実綱要細疏』で言うように、pratītyasamutpāda（縁起）とpratītyasamutpanna（縁って生じたもの）とは同一であることを示している。[13] そして、彼がここで言うのは、縁って生じた諸事物が空であり存在するもの（有）でないのは、諸事物がいかなる勝義の自性も持たないからであり、世俗としてさえも非存在（無）であるうさぎの角と等しい本性を持つからではないということである。[14] ゆえに、縁って生じた諸事物は、勝義として存在するものではなく（非有）、世俗として非存在でもない（非無）のである。

【13】→【後註2】参照。

【14】→【後註3】参照。

次に、彼は一八偈cdを以下のように解釈する。

「それは〔質料因等に〕依拠しての表示（概念設定）であり（一八偈c）」とは、それら〔縁って生じた諸事物〕自体は世俗であるという意味である。「〔質料因等に〕依拠する〔もの〕」と「表示」という語は、「世俗」の同義語であるからである。……「それこそが中道である（一八偈d）」とは、〔勝義として有であるとみなす〕捏造（samāropa）と〔世俗としても無であるとみなす〕否認（apavāda）との二極端が排除されるから、それら〔縁って生じた諸事物（＝縁起）〕こそが中道であると、あれこれの〔文献の〕中で説かれるのである、という意味である。[15]

縁って生じた諸事物自体は、捏造（samāropa）と否認（apavāda）という二極端を離れている。二極端の内、samāropaとは、一切法無自性性論証の文脈においては、世俗の事物に対して真実・勝義の本性を捏造することを意味する語として使用されている。無自性性論証において、カマラシーラ等の中観論者は、世俗の事物の上に勝義として存在していると他者により捏造された本性（自性）の否定・排除を論証しているのである。[16] 他方、apavādaとは、『中観光明論』の中で

【15】MAP D115b2-3, P121b3-5.

【16】KEIRA（2004: 30-38）と計良（2012: 91）を見よ。

は、「世俗〔としては成立するところ〕の自性」(kun rdzob pa'i rang bzhin)・「世俗の他に依るあり方（依他起性《えたきしょう》）」(gzhan gyi dbang gi ngo bo nyid [...] kun rdzob pa)・「世俗における生起」等を不当に否認することを意味する語として使用されている。【17】カマラシーラは、世俗の他に依るあり方のものや世俗の諸事物を、世俗としても非存在であると誤って理解し否認する者たちは、否認という極端の誤りに陥ると考えている。彼によると、縁って生じた諸事物、即ち縁起（＝依他起性）は、『中観荘厳論』六四偈が「考察されない限り悦ばしいものであり、生・滅の性質を持ち、因果効力を持つ〔事物〕それ自体」と説くところの正しい世俗（実世俗）と見なされるのである。【18】縁って生じた諸事物自体、即ち実世俗は、構想された（parikalpita）ものではない。ゆえに、それらは、たとえば絶対神（主宰神）のように、構想された、世俗としても不成立である、偽なる世俗（邪世俗）ではないのである。

　したがって、samāropa と apavāda とが、右に説明した「捏造」と「否認」という意味を持つものと理解する場合、カマラシーラの『中論』第二四章一八偈解釈は、次のような意味であると言うことができる。縁って生じた諸事物（＝縁起）――それらは勝義の自性を持たないので、幻等のように、勝義として存在す

【17】→【後註4】参照。
【18】→【後註5】参照。

るものでもなく世俗として非存在でもない――は、「捏造」と「否認」の二極端を離れた中道として成立するのである。[19]

三　カマラシーラの中道解釈

バーヴィヴェーカは、「それこそが中道である（一八偈d）」を註釈して、「中」（dbu ma; madhyamā）という語は、生起と不生起・存在と非存在・恒常と無常・空と不空〔の両概念〕のような二極端を離れていることを意味すると言う。[20] しかし、カマラシーラは、彼の中観思想関連の著作において、バーヴィヴェーカとは異なり、一貫して、中道は捏造と否認の二極端が排除されることによって理解されると述べている。[21] ゆえに、以下では、「捏造と否認の排除」を視座として、カマラシーラが「世俗において理解される中道」と「勝義において理解される中道」（即ち、「二極端を離れた空性（＝勝義）」）とを受け入れるのかどうかを考察し、その上で彼の中道解釈の特徴を明らかにしようと思う。

まず、「世俗において理解される中道」に関して、アヴァローキタヴラタは、断見と常見のような二極端が、両者いずれも、世俗のレベルで排除されることを

【19】→【後註6】参照。

【20】PP D230b5-6.

【21】BhK I 197. 9-10, ŚST P181b5-7, MAP D115b3, D121a5-6, SDhNS D290b3-4 等を見よ。

その中道と見なしていた。カマラシーラも、不当な否認とある種の捏造は、両者いずれも、世俗のレベルで排除されることを認めている。ゆえに、彼も、「世俗において理解される中道」の成立を受け入れていると言うことは可能であろう。

世俗の自性や世俗の縁起を不当に否認するという極端は、正しい世俗（実世俗）を理解することにより排除され得る。他方、彼は、『中観光明論』の中で、二種類の捏造があると考えているようである。彼は、先述のとおり、samāropaという語を、世俗の事物に対して勝義の自性等を捏造することを意味するものとして使用するけれども、彼はまた、その語を、世俗としてさえも存在するとは認められない完全に虚偽なる物事に対して、恒常性等の性質をもった存在を捏造することを意味するものとしても使用するのである。[22] 即ち、彼は、その語を、恒常な事物等を他者たちが構想することを意味するものとしても使用するのである。しかし、その恒常な事物等は、たとえば絶対神（主宰神）のように、完全に虚偽なる事物、即ち偽なる世俗（邪世俗）である。邪世俗、つまりこの種の物事の構想・捏造は、勝義のレベルにおいて排除されるだけでなく、実世俗のレベルにおいても排除されるのである。というのは、ジュニャーナガルバの『二諦分別論』とシャーンタラクシタの『二諦分別論細疏』が言うように、実世俗は、構想され

【22】→【後註7】参照。

た物事（＝邪世俗）から離れた、事物そのもの（vastumātra 唯事物）のことだからである。【23】カマラシーラもまた、三種の無自性性（三無性《さんむしょう》）の内の「特徴の無自性性（相無性）」を解釈して、次のように述べていた。「〔世尊は、〕世俗の他に依るあり方（依他起性）のものが〔既に〕説明したような構想された〔恒常・無常の〕本性を欠いていることを証明して、否認し得ない世俗の〔他に依る〕あり方を説示しているのであり、……」。【24】

カマラシーラはまた、断見と常見が排除されるべきことも説いている。『中観荘厳論』八二偈に対するシャーンタラクシタの自註によると、これら二つの見解は、勝義としてだけでなく世俗としても排除され得る。断見と常見は世俗としても成立し得ないので、実世俗のレベルにおいて、それらは排除されるのである。【25】

さらに、『稲芉《とうかん》経広釈』で、カマラシーラは、『稲芉経』中の anyonyahetuko 'nyonyapratyayo（相互に因となり、相互に縁となる）、na nityo（恒常でない）、naivānityo（無常でない）、na saṃskṛto（有為《うい》でない）、nāsaṃskṛto（無為でない）nāhetuko nāpratyayo（無因でない、無縁でない）、等の語句を註釈しながら、世俗における二極端の排除を説明している。【26】そして、この箇所の最後において、彼は次のように言う。「〔経典の〕これらの語句は、捏造と否認、常〔見〕と断

【23】本書一一三頁を見よ。『二諦分別論細疏』D23b2 も見よ。また、本章【後註5】も見よ。

【24】MĀ D151a6-7. 本書一四〇―一四一頁を見よ。

【25】→【後註8】参照。

【26】→【後註9】参照。

〔見〕の極端を排除しているのであり、適切に用いられている。[27]」『稲芉経』中のanyonyahetuko 'nyonyapratyayo（相互に因となり、相互に縁となる）と na nityo（恒常でない）等の語句は、捏造の排除を説明している。ここでの「捏造」とは、絶対神（主宰神）のような恒常・単一な事物をあらゆるものの原因として捏造・構想することや、永遠に存在する恒常な事物を捏造・構想することを意味している。[28]また、nāsaṃskṛto（無為でない）、nāhetuko nāpratyayo（無因でない、無縁でない）等の語句は、諸存在は原因・条件に縁って生じたものであることを意味するので、不当な否認の排除を説明しているようである。[29]

次に、「勝義において理解される中道」、即ち「二極端を離れた空性（＝勝義）」については、カマラシーラは、『修習《しゅじゅう》次第初篇』の中で、存在（有）の概念（vikalpa）と非存在（無）の概念は、両者いずれも、勝義において排除されると説いている。彼は、概念的拡散（prapañca 戯論《けろん》）が完全に止滅する勝義は、存在と非存在等の両概念が排除されることによって成立すると考えている。『修習次第初篇』での彼は、『入楞伽《にゅうりょうが》経』第一〇章二五八偈abを引用して、無二知を含む一切法の無顕現状態に住し、勝義を見るヨーガ行者の状態を説明する。[30]その二五八偈abは次のように言う。「〔そのヨーガ行者の〕状態は、努力を要せず、寂静《じゃくじょう》

【27】ŚSṬ P192a7-8.

【28】→【後註10】参照。

【29】ŚSṬ P192a1-3.

【30】『入楞伽経』第一〇章二五八偈abに先行する二五七偈cdに対するカマラシーラの註記、即ち『修習次第初篇』211.19-23については、KEIRA (2004: 76-77) と計良 (2012: 103) を見よ。

であり、諸誓願によって清浄である。」この偈中の「寂静」（śānta）という語を註釈して、カマラシーラは以下のように言うのである。

「〔ヨーガ行者の状態は〕寂静である」というのは、存在と非存在等の概念によって特徴付けられる概念的拡散が止滅するからである。即ち、智慧によって考察しているヨーガ行者が、全くいかなる存在の自性も知覚しない場合、その場合、この〔ヨーガ行者〕には、存在の概念は決して生じないのである。非存在の概念も、この者には全く〔成立し〕ないのである。もし、存在が、ある特定の場合に〔このヨーガ行者によって〕見られることになるならば、そのようであるならば、それ（存在）が否定される形で、非存在の概念が〔この者に〕起こる〔であろう〕。しかし、〔過去・未来・現在の〕三時いずれにおいても、智慧の眼によって考察しているヨーガ行者によって存在が知覚されることがない場合、その場合、どのようにして、〔その者は、〕それ（存在）を否定する形で、非存在の概念を生じるのであろうか。同様に、他の諸概念も、その場合は、この者に生じないのである。〔なぜなら、〕すべての概念は、存在と非存在の〔両〕概念によって包摂（遍充）されるからであり、包摂するものが否定される場合、包摂されるものは成立しないからである。以上が、最高の無分別の瞑想（paramanirvikalpo yoga）である。[31]

ヨーガ行者に「存在の概念」が生じないのは、その者がいかなる存在の自性も知覚しないからであり、この自性は、捏造された勝義の自性のことと理解できる。他方、「非存在の概念」は、カマラシーラは説明していないが、世俗として成立する物事でもそれは存在しないとする不当な否認の意味をも含むものとして理解可能である。そして、ここでは、これら捏造と不当な否認の両者いずれもが、勝義のレベルで排除されているのである。ゆえに、カマラシーラは、「勝義において理解される中道」を受け入れていると言うことは可能であろう。概念的拡散が止滅した勝義は中道であり、それは勝義のレベルでの中道である。

右に引用した『修習次第初篇』の中で、カマラシーラは、非存在の概念を、次の『中論』第一五章五偈abで説かれるような考えによって排除している。「存在が〔勝義として〕不成立ならば、非存在〔も勝義として〕成立しない。[32]」彼は、『中観光明論』の中で、非存在に対する執着は存在に対する執着を前提としていると言う。[33] シャーンタラクシタも、『中観荘厳論』の中で、『中論』第一五章五偈

【31】BhK I 214, 10-21.

【32】『中論』第一五章五偈abについては、本章註【5】を見よ。

【33】MĀ D152b2-3.

を引用する際、その導入で次のように言う。

さらに、存在が〔勝義として〕不成立ならば、それ（存在）に依拠して構想された性質のものである、存在それこその非存在等も、全く不成立なのである。【34】

捏造された勝義の存在が不成立である場合、それの否定も成立しない。即ち、否定対象が無い場合、それの否定も無いのである。【35】したがって、存在と非存在のこれら二つの概念の勝義における排除は、勝義の存在の捏造のみを排除することによって成立するのである。【36】

存在と非存在の両概念の勝義における排除は、勝義の真実を理解することから成立するのであり、正しい世俗（実世俗）の真実を理解することから成立するのではない。この勝義における排除では、世俗の真実は考慮すべき事柄には入らず係わっていないので、勝義における両概念の排除、即ち勝義の中道は、世俗の真実から分離して成立することとなる。

ナーガールジュナとチャンドラキールティの考えでは、空性が中道である。

【34】MAV D73b2-3 F72a1-2.

【35】→【後註11】参照。

【36】→【後註12】参照。

『中観光明論』では、これと同類の考えが、カマラシーラそして、チベット人の解釈によれば、シャーンタラクシタが、『宝積経《ほうしゃくきょう》』(*Ratnakūṭasūtra*)の次の文を引用して、瑜伽行派の中道解釈を批判する場合に、受け入れられている。[37]

カーシャパよ、「恒常である」ということは、一つの極端である。カーシャパよ、「無常である」ということは、もう一つの極端である。カーシャパよ、同様に、「有である」ということは、一つの極端である。カーシャパよ、「無である」ということは、もう一つの極端である。……[38]。

この経文の意味を解釈して、カマラシーラとシャーンタラクシタは次のように言う。

その〈経文〉は、……あらゆる二極端を離れ、全ての法の無自性を特徴とし、概念的拡散の無い、真理の領域(dharmadhātu 法界)を述べているのである。[39]

【37】→【後註13】参照。

【38】MĀ D157b6. 計良(2016: 64, fn. 144)を見よ。

【39】MĀ D158a1-2. 計良(2016: 68)を見よ。

カマラシーラとシャーンタラクシタは、真理の領域（法界）は存在と非存在の二極端を離れていると説明する。彼らが非存在の極端を排除する場合、彼らは、『中論』第一五章一五偈abで説かれるような次の考えに依拠して排除している。「存在が〔勝義として〕不成立ならば、それの非存在〔も勝義として〕成立しない。」【40】それゆえ、真理の領域（法界）は、二極端を離れた「中」（dbu ma）として成立するのである。それら二極端の両者いずれもが勝義のレベルで排除される場合、そこでは、世俗の真実は考慮すべき事柄には入らず係わっていないので、この勝義の「中」は、世俗の真実から分離して成立することとなるのである。

さて、以上考察したように、カマラシーラは、「世俗において理解される中道」と「勝義において理解される中道」のどちらの成立も受け入れている。しかし、これら二種の中道は、『修習次第初篇』等のテキストの中で彼が通常または典型的に説明する中道とは、「捏造」と「否認」の意味において異なっている。捏造の排除に関する彼の典型的な説明は、世俗の事物に対して捏造された勝義の生起や本性を排除することであり、偽なる世俗（邪世俗）を正しい世俗（実世俗）のレベルで排除することではない。そして、不当な否認の排除に関する彼の典型的

【40】→【後註14】参照。

な記述は、否認し得ない正しい世俗の成立を受け入れることを意味するのであり、捏造された勝義の存在の否定に対する執着を勝義において排除することではない。

確かに、中観派のヨーガ行者や菩薩《ぼさつ》は、偽なる世俗を排除し、真理の領域（法界）・勝義・空性を直接的に理解すべきであるけれども、しかし、先に説明した二種の中道は、最終的に仏陀の一切智（sarvajñatva）を獲得するための道（mārga）においてヨーガ行者や菩薩たちが理解すべきであるとカマラシーラが通常説明するところの中道とは異なっているのである。カマラシーラが、その道において理解すべきであると通常説明する中道とは、「事物は、勝義として生起することはないが、世俗として生起する」という考えから成る中道である。『修習次第後篇』の次の文は、中道についてのカマラシーラの中心思想を理解するために、そしてまた、複数の異なるタイプの中道に対して彼が行った中道の組織化を理解するために、とても重要であると考えられる。

まさにこれら一切の存在（一切法）は、勝義として生起するものではないけれども、そうであっても、幻のような〔これらの存在は〕、特定の多様な原因と条件の集合体の力によって、考察されない限り悦ばしい全く様々なものとして、〔世俗において〕生じるのである。ゆえに、〔世俗としてそのように生じるものなので、〕断見〔が成立する〕という結果にはならないし、否認の極端〔が成立するという結果になること〕もないのである。そして、智慧によって〔諸存在が〕考察されるならば、〔いかなる存在も〕知覚されることは無いので、常見〔が成立する〕という結果にはならないし、捏造の極端〔が成立するという結果になること〕もないのである。[41]

すべての存在は、勝義として生起するものではないけれども、世俗として生起する場合、それらの世俗としての生起や世俗としての他に依るあり方・縁起するあり方を理解することによって、人が、因果の流れに断絶を見る断見を持つことは無いし、世俗の生起や他に依る（縁起する）あり方を不当に否認するという極端に陥ることも無いのである。他方、智慧によって諸存在を考察した場合、いかなる存在も、真実として存在するものとして、即ち、勝義のまたは恒常の本性を持つものとして知覚されることは無いので、人が、物事は恒常的に存在すると見る常見を持つことは無いし、勝義として存在するものを捏造するという極端に陥ることも無いのである。先に説明したように、常見と、二種類の捏造の内の一つ

【41】 BhK III 11. 23–12. 5.

である偽なる世俗（邪世俗）とは、正しい世俗のレベルにおいて排除することも可能である。したがって、右の『修習次第後篇』の引用文から、次の二点①②が推理可能である。

①中道についてのカマラシーラの中心思想は、「すべての存在（一切法）は、勝義として生起しないが、世俗として生起する」という考えにあること。

②捏造と不当な否認の二極端の排除だけでなく、断見と常見の排除も、この中心思想から理解できる（理解すべき）とカマラシーラが考えていること。

カマラシーラはここで、世俗と勝義の二種の中道に言及していないけれども、それらの中道も、その中心思想からそれぞれ理解可能である。即ち、世俗のレベルでの中道は、不当な否認と偽なる世俗（＝捏造）の排除と、断見と常見の排除とがこの中心思想によって説かれるので理解可能である。他方、勝義のレベルでの中道も、いかなる存在も勝義として知覚されることがない場合、勝義の存在の捏造が排除されるので理解可能である。彼は、「諸存在は、勝義として生起することはないが、世俗として生起する」という考えから成る中道を、中道の中心思想として確立することによって、そして「世俗の中道と勝義の中道のどちらもその中心思想から理解できる（理解すべきである）」と考えることによって、三種の

異なる中道を組織的に整理したのである。【42】

四　捏造と不当な否認を排除するための実践

縁起の二側面についての瞑想

先に説明したように、勝義と世俗という二諦は、縁起、即ち縁って生じた法・事物の二つの側面であり、縁起（＝縁って生じた法・事物）をその両側面から理解し修習（瞑想）することによって、捏造と不当な否認の二極端は排除され、中道に入るのであった。【43】

勝義と世俗とは、縁って生じた同一の事物の二つの側面なのであるから、その二つは、相互に切り離されているわけではない。『中観光明論』の中で、カマラシーラは、勝義と世俗は同一でもなく別でもないと説明する。【44】

彼はまた、観点の違いにより、同一のものが勝義と世俗の両方の側面を持つことは矛盾しないと言う。たとえば、勝義の理解の助けとなる知（「勝義」の所有複合語としての解釈）は勝義であるが、それは縁って生じた幻等と異ならないので、世俗のものでもある。【45】

【42】→【後註15】参照。

【43】本書一七九―一八三頁

【44】→【後註16】参照。

【45】→【後註17】参照。

同様に、観点の違いにより、縁って生じた同一の事物が勝義と世俗の両方の側面を持つと理解することも可能である。縁って生じた事物は真実在ではない。それが真実在ならば、等しく縁って生じたものである幻も真実在であることになってしまうからである。[46] そこで、「幻のように、事物は縁起する」と人が理解する場合、その人は、事物の世俗の側面を理解するのである。[47] また、その人が「幻のように、事物は真実在ではなく勝義の自性を欠いている」と理解する場合、その人は、事物の勝義の側面を理解するのである。[48]

智慧と手段

カマラシーラは、仏陀の位（仏地）に到達するための菩薩道の説明の中で、捏造と不当な否認の排除、即ち彼の中道思想に言及する。そこでは、捏造の極端は智慧（prajñā 般若）によって排除され、不当な否認の極端は、菩薩たちが衆生《しゅじょう》（生き物たち）のために巧みに用いる手段（upāya 方便《ほうべん》）の実践によって排除されると説かれている。[49]

『修習次第初篇』によると、智慧は、聴聞から生じるもの、思考から生じるもの、そして修習（瞑想）から生じるものとして説明される。まず、人は、聖典の文章

【46】→【後註18】参照。

【47】→【後註19】参照。

【48】→【後註20】参照。

【49】BhK I 197, 7–10.

等の意味内容を聴聞から生じる智慧によって理解し、次に、その文章が了義《りょうぎ》（＝勝義）を説いているのか、それとも未了義《みりょうぎ》（＝世俗）を説いているのかを、思考から生じる智慧によって区別する。[50] それから、その思考から生じる智慧によって確定された真実の意味（bhūtam artha）、即ち勝義について瞑想し、その瞑想から生じる智慧によって、その者は、勝義を直接的に理解するのである。[51] それゆえ、菩薩たちの智慧は、本質的に、諸存在の勝義の側面（不生起・空性）の確定とそれの直接的理解から成るのである。菩薩たちは、智慧により、この勝義の側面を正しく理解するので、捏造の極端を排除することができるのである。

加えて、『修習次第初篇』では、菩薩たちのその智慧は、その者たちが用いる手段を、誤りのない性質のものとして確定するための根拠であると説かれている。[52]

他方、手段は、六波羅蜜《はらみつ》（ṣaḍ-pāramitā）の中の般若波羅蜜（prajñāpāramitā）を除いた、布施《ふせ》・持戒《じかい》・忍辱《にんにく》・精進《しょうじん》・禅定《ぜんじょう》の五波羅蜜や、菩薩が衆生をあたたかい心で受け入れ仏道へと導くための四種の行為である〔四《し》〕摂事《しょうじ》（saṃgrahavastu）、等を意味する。『修習次第初篇』によると、その手段とは、たとえば、〔仏〕国土の完全な浄化（kṣetrapariśuddhi）、大財（mahābhoga）〔の所有〕、眷属《けんぞく》の完成（parivārasaṃpat）、衆生〔各々〕の成熟（sattvaparipāka）、変《へん》

【50】BhK I 198, 10–12. カマラシーラの了義と未了義の解釈については、KEIRA (2009) を見よ。

【51】BhK I 204, 11–13.

【52】BhK I 194, 20–27.

化《げ》身 (nirmāṇakāya)〔の顕示〕のような、すべての繁栄 (abhyudaya) の要素を集め含むあらゆる善 (kuśala) の実践、あるいは、あらゆる善を捉える知のことであり[53]、また、『修習次第中篇』では、菩薩たちがすべての衆生たちに対して大いなる思いやり (mahākaruṇā 大悲) を持ち、衆生たちを見捨てないことが、手段として説かれている[54]。したがって、菩薩たちの手段とは、衆生という世俗の存在や、功徳 (puṇya)・汚れ (saṃkleśa)・清浄 (vyavadāna) 等の世俗の法が成立しなければ、成立しない。手段の実践によって、菩薩たちは、世俗の真実の、即ち縁って生じた法・事物の世俗の側面の理解を徐々に深めていくのである。『修習次第後篇』では、次のように説かれている。

> 手段を具えた者は、智慧を用いることから、世俗〔の真実〕と勝義の真実とに正しく精通する者となるのである[55]。

このように、縁って生じた法・事物の、勝義と世俗の二側面を正しく理解することは、「智慧と手段から成る実践によって、捏造と不当な否認の二極端は排除される」と言うための根拠となっているのである。

【53】BhK I 194, 17-20, 195, 2-3.

【54】BhK II D53b1-2, D53b5-6.

【55】BhK III 17, 14-15.

五　カマラシーラの中道思想

先述のように、中道についてのカマラシーラの中心思想は、縁って生じた事物の二側面の理解にある。この中心思想によって、捏造と不当な否認の二極端だけでなく、断見と常見も排除されると彼は説く。彼は、この中心思想を確立することによって、三種の異なる中道を組織的に整理しているのである。

さて、中観思想は中道思想であると言われる場合、彼の中道思想は、最終的に何を中道として確立し完成させることを目指しているのだろうか。最後に、菩薩道についての彼の説明を分析して、これを明らかにしよう。

無住処涅槃

まず、仏陀の位、即ち仏陀の一切智に到達するための道において、菩薩たちは、声聞たちの涅槃とは異なる涅槃を確立する。智慧と手段から成る実践によって、菩薩たちは無住処涅槃《むじゅうしょねはん》(apratiṣṭhitanirvāṇa)を確立するのである。無住処涅槃とは、輪廻《りんね》の汚れにも声聞たちが求める涅槃にも、どちらにも居住しない涅槃である。即ち、菩薩たちは、まず一方で、勝義を直接的に理解する智慧によってすべての誤った認識（viparyāsa 顚倒《てんどう》）を除去するので、誤った認識を根源とする輪廻の汚れに居住しない[56]。他方、菩薩たちは、衆生たちへの大悲に基づいて確立した手段の実践によって、衆生たちと輪廻の世界を見捨てないので、声聞たちが求める涅槃にも居住しないのである[57]。先に引用した『稲芊経広釈』（D151b6–152a1, P181b7–8）によると、縁起の勝義の側面のみを修習（瞑想）したならば、声聞たちの涅槃に陥るのであった[58]。したがって、勝義の側面のみについての瞑想によって確立されるこの声聞の涅槃とは、概念的拡散（戯論《けろん》）が完全に止滅した、勝義として確立されるところの涅槃であるはずである。声聞たちとは異なり、菩薩たちは、大悲により、この涅槃に居住するべきではないのである。居住し続けるならば、菩薩たちは、声聞の位に堕してしまうだろう[59]。

『修習次第』の中で、カマラシーラは明示的には述べていないけれども、彼の説明から、この無住処涅槃は、捏造と不当な否認の二極端から離れた中道として成立することは明らかである。なぜなら、この涅槃は、それらの二極端を排除する智慧と手段の二つから成る道の実践によって確立されるからである[60]。菩薩たちは、捏造（即ち、誤った認識）を排除することによって輪廻の汚れに居住しないので

【56】 BhK I 197, 6-7.

【57】 BhK II D53a7-53b1. 本章註【54】を見よ。

【58】 本書一七九頁。

【59】 BhK II D52b6-7.

【60】 →【後註21】参照。

あり、また、世俗として成立する法や衆生に対する不当な否認を排除することによって衆生たちを見捨てないので、勝義として確立される涅槃には居住しないのである。

それゆえ、カマラシーラの中道思想は、まず、中道であるこの無住処涅槃の確立を目指すのであり、それは、『中論』の著作の目的（prajoyana）として示され、「概念化の止滅（戯論寂滅）」（prapañcopaśama）と「至福なる」（śiva）という『中論』の帰敬偈《ききょうげ》の中の二語によって特徴付けられるところの勝義の涅槃の確立を目指しているのではないのである。[61]

【61】→【後註22】参照。

一切智

無住処涅槃を得た菩薩は、仏陀の位に到達するという最終目標へと進んで行く。先述のとおり、『修習次第初篇』において、カマラシーラは、存在と非存在等の概念によって特徴付けられる概念的拡散が止滅する「最高の無分別の瞑想」（paramanirvikalpo yoga）の成立について説明する。[62] 彼によると、この瞑想は、煩悩による障害（kleśāvaraṇa 煩悩障《ぼんのうしょう》）と認識対象に対する障害（jñeyāvaraṇa 所《しょ》知障《ちしょう》）という二種の障害を除去するための、そして仏陀の一切智を得るための最

【62】本書二〇四頁。

高の道（paramo mārga）なのである。[63]
　仏陀の一切智を得るためには、菩薩は、右の二種の障害を除去しなければならない。『修習次第初篇』の説明によると、最高の無分別の瞑想に住するヨーガ行者においては、存在と非存在の両概念、つまり論理上〝すべての概念〟が滅するので、その者は、二種の障害を正しく除去することができるのである。[64] まず、その者は、最高の無分別の瞑想を確立することによって、煩悩による障害を除去する。この瞑想は、生ずることもなく滅することもない（不生不滅の）ものを、存在するもの（有）としてまたは存在しないもの（無）として誤って理解するところの、そしてその煩悩による障害の根本原因であるところの〝誤った認識〟を除去することが可能である。この瞑想を繰り返し習慣化することにより、その者は、存在と非存在の両概念を除去するので、無明《むみょう》の本性でありその障害の根本である誤った認識を除去し[65]、その結果、その者は、煩悩による障害を正しく除去することができるのである。[66]
　存在と非存在とについての誤った認識によって、論理上〝すべての誤った認識〟が扱われたことになるから、菩薩は、最高の無分別の瞑想を繰り返し習慣化することによって、すべての誤った認識を除去することができるのである。[67] それ

【63】 BhK I 216, 18-19. TSP_{Sh} 1052, 21-1053, 1 を見よ。英訳は、MCCLINTOCK (2010: 127) を見よ。
【64】 BhK I 214, 25-26.
【65】 →【後註23】参照。
【66】 BhK I 214, 26-215 6.
【67】 BhK I 216, 6-8.

ゆえ、この瞑想の習慣化によって、菩薩はまた、認識対象に対する障害を正しく除去することもできるのである。なぜならば、この障害も、誤った認識によって特徴づけられたものだからである[68]。

認識対象に対する障害が完全に除去された場合、そのヨーガ行者の認識は、そこにはもういかなる障害も無いから、一切の事物をありのままに照らし出すことが可能となり、その結果、その者は、仏陀の一切智を獲得するのである[69]。

この一切智は、勝義を直接的に理解する最高の無分別の瞑想が右の二種の障害を完全に除去した場合に獲得される。したがって、この一切智は、一切の事物を、世俗として生じ勝義としては生じないものとして知ることは明らかである。カマラシーラは次のように言う。

> 世俗と勝義の側面（rūpa; tshul）から、すべての事物を正しくありのままに完全に理解することにより、一切智が獲得されるのである[70]。

縁って生じた事物の、世俗と勝義の両側面を理解することにより、人は、捏造と不当な否認を離れた中道に入るのであった。したがって、仏陀の一切智は、そ

【68】BhK I 216.8-9.

【69】BhK I 216. 10-15.

【70】BhK I 216. 16-18. 同文は、SDhNS D290a5, P336a3-4 にも見られる。

れら二極端を離れた中道として理解できるのである。菩薩たちの道は、その一切智の獲得を最終目標とするのであるから、この一切智は、中道によりまた中道として最終的に完成した形の知であると見なされ得る。

中道の認識

最後に、中道の認識はどのようにして確立されるのかを明らかにすべきであろう。カマラシーラは、中道は単に概念的に確立される事柄であるとは考えていない。彼によると、中道は直接的に理解可能な事柄なのである。しかしながら、勝義と世俗の両側面を同時に直接的に理解するということは、どのようにして可能なのであろうか。

カマラシーラは、『修習次第初篇』において、菩薩は「智慧と手段との不可分な結合状態で進行する道」(prajñopāyayuganaddhavāhī mārga) を確立することが可能であると示すことによって、中道の認識の成立を説明する。

勝義を見ているときでも、世俗を切り捨てることはないというのが、まさしく菩薩たちの「智慧と手段との不可分な結合状態で進行する道」である。

世俗を切り捨てることがなく、大いなる思いやり（大悲）が先行しており、〔認識の〕誤りが全く無い者たちは、衆生の利益のために行動を起こす。その場合、非日常的な智慧（lokottaraprajñā）に住している間は、〔菩薩たちが〕手段を用いることは不可能であるけれども、しかしながら、手段を用いるとき、菩薩たちは、幻術士のように、〔認識の〕誤りが無い者であるので、非日常的な〔無分別〕知（lokottarajñāna）から、〔瞑想の〕実践の直後に起こり、〔そして、この無分別知の対象、即ち〕事物の勝義の真実に正しく固定されている〔有分別《うふんべつ》の〕智慧（prajñā）が〔その者たちに〕まさに生じるのである。ゆえに、智慧と手段との不可分な結合状態で進行する道は、まさに存在するのである。[71]

勝義を直接的に理解する非日常的な無分別知に住している間は、菩薩たちは、大悲に基づいて確立した手段を用いることができない。しかし、カマラシーラによると、菩薩たちは、この道を確立することによって、世俗・世俗の物事を切り捨てること無く、勝義を見ることができるのである。その道は、非日常的な無分別知の後に得られる（後得《ごとく》の）有分別の智慧（概念知）を有する菩薩において確

【71】 BhK I 221, 11-20.

立され得るのである。【72】

『中観光明論』や『修習次第』等の中で、カマラシーラは、『法集経』の文を引用することにより、幻術士は、その場に集まった観衆とは異なり、彼が幻術によって創り出した象等は幻の性質のものであることを既に知っているので、創り出されたそれらのものに対して執着しないと説明する。【73】『中観光明論』の説明によると、幻術士の直接知覚は、幻術によって創り出した象等の現れを持つが、その現れたものの本性に対して、それは真実に存在するものであると執着することはない。幻術士は、その象等の現れに対して、真実の本性（自性）をもつものとして執着することはないので、幻術士の直接知覚は、その象等は真実においては無自性であるという確定を生ずるための原因なのである。同様に、勝義（＝捏造された勝義の本性の欠如・無自性）を直接的に理解する非日常的な無分別の智慧の直後に生じる、有分別の智慧（概念知）を有する菩薩は、事物の勝義の本性に対するいかなる執着も持っていない。その菩薩の直接知覚は事物の現れを有するけれども、その後得の智慧（概念知）を有するので、その直接知覚は、事物の本性（自性）に対して、勝義として存在するものであると執着することはないのである。その菩薩はそれに対して執着しないので、その者の直接知覚は、事物に勝義

【72】→【後註24】参照。

【73】→【後註25】参照。

の本性は無いという確定を引き起こすのである。[74] それゆえ、その菩薩はその後得知を持っているので、その者の直接知覚は、事物の世俗の側面、即ち原因・条件に依存して生じる（意識に現れる）という側面と、事物の勝義の側面、即ち勝義の本性を欠いている（勝義としては不生である）という側面との両方の側面を理解するのであり、したがって、それは、捏造と不当な否認を離れた中道を直接的に理解するのである。

[74] MĀ D218a7-b2とKEIRA (2004: 201, 16-202, 5)を見よ。

六　結論

中観思想史において、中道思想の出発点は、ナーガールジュナの『中論』第二四章一八偈d、即ち「それ（空性＝縁起）こそが中道である」という言明である。『無畏論』とブッダパーリタの註釈では、中道は勝義として成立することと解釈されたのであった。中期中観思想においては、アヴァローキタヴラタによると、バーヴィヴェーカは、『般若灯論』の中で、その一八偈d中の「中道」という語を、二種の中道、即ち世俗において理解される中道と勝義において理解される中道とを指示するものとして解釈したが、他方、チャンドラキールティは、『明句論』の中で、その一八偈dに対して、空性が中道であると註釈している。しかしながら、彼ら二人は、その一八偈dの「中道」という語に対する解釈とは別に、「事物は、勝義として存在するのでもなく、世俗として非存在でもない」という考えから成る別の中道の解釈も受け入れているのである。たとえば、チャンドラキールティは、『六十頌如理論』四五偈に対する註釈の中で、「縁起は、影像のように、真実ではないし、それは世間においては真実のようなものとして見られるので、虚偽でもない」ということを言っている。[75] バーヴィヴェーカも、『般若灯論』の中で、「勝義においては、諸条件に依拠して自性として生起することは無いのである。眼等の生起は、世俗の真実に依拠してである」と述べている。[76] 中期においては、複数の異なるタイプの中道の組織化は明瞭には示されておらず、その組織化はまだ完成していなかったように見える。後期中観思想のカマラシーラは、中道の中心思想は縁起即ち縁って生じた勝義と世俗との両側面の理解にあるという立場を採ることにより、三種の異なる中道を組織的に整理した。

　カマラシーラは、法界や空性等は勝義として存在と非存在の二極端を離れているという考えから成る勝義の中道も受け入れている。しかしながら、この種の中道は、縁って生じた事物の勝義と世俗との両側面を理解することによってではな

【75】YṢV 84, 23–85, 4. 仏語訳は、SCHERRER-SCHAUB (1991: 284, 16–285, 1) を見よ。

【76】PP D230b2. また、PP D50a4-5 も見よ。

く、勝義の存在についての捏造を排除することによって、即ち縁って生じた事物の勝義の側面（＝不生起）だけを理解することによって成立するのである。勝義が中道である場合、この中道は、概念的拡散（戯論）が止滅しており、世俗の真実の（諸）特徴からは切り離されている。それゆえ、この勝義の中道は、「概念化の止滅（戯論寂滅）」と「至福なる」という『中論』の帰敬偈中の二語によって特徴づけられる勝義の涅槃を確立するということは理解可能である。[77] しかし、この中道は、それ自体としては、無住処涅槃を確立することはできない。さらにまた、人が、この中道に対して、「この中道は、単に救済論的に確立された勝義の理想であり、自分自身を利するけれども、世俗の真実と衆生たちに対する大悲とからは切り離されている」と考えることによって批判するというのは、あり得ることであろう。

カマラシーラは、縁って生じた事物の勝義と世俗との両側面の理解を中道の中心思想として確立し、世俗の中道と勝義の中道のどちらもその中心思想から理解すべきことと考えた。この場合、彼の中道思想は世俗の真実と大悲から切り離されているという批判は、この中心思想のゆえに、起こらないであろう。勝義の中道は、その中心思想の一部としてのみ理解されるのである。

【77】本章【後註22】参照。

この中道の中心思想は、カマラシーラに、無住処涅槃だけではなく仏陀の一切智も中道として成立すると説明することを可能にしている。それゆえ、その中心思想は、彼に、彼の中観思想を、中道を完成するための道として組織化することを可能にしたのである。

さらに、カマラシーラは、中道の直接的な認識はどのように成立するのかを説明している。非日常的な無分別の智慧の直後に得られる有分別の智慧（概念知）、即ち後得知を有する菩薩の直接知覚は、事物を、勝義の本性を持たず、世俗として原因や条件に依存して生じる幻のようなものとして、見ることができるのである。

非日常的な無分別の智慧は、その後得知が成立するための必要条件である。そうであるから、菩薩たちにとっては、その非日常的な智慧を確立することは必須である。しかしながら、後得知の成立無しには、中道の直接知覚は成立しない。カマラシーラは、彼の中道思想において、その非日常的な智慧とその後得知はどちらも等しく重要なのだという自身の立場を明確に示しているのである。

以上、思想史研究の立場から、カマラシーラの中観思想・中道思想を明らかにした。彼の中道思想からすると、中道を生きるとは、捏造・構想された偽なる世俗（邪世俗）に生きることではないし、また単に勝義の真実を理解し勝義を見て生きることでもない。『中論』第二四章一八偈が、正しい世俗（実世俗）を説明する『中観荘厳論』六四偈に対する註釈において引用されていることからも分かるように、それは、実世俗、即ち構想された物事を離れた、縁って生じた事物そのものを見て理解し生きることである。つまり、それは、縁起即ち縁って生じた事物の、勝義と世俗の両側面を見て理解し生きることであり、世界も自分自身も、勝義として存在すると捏造された恒常不変の本性を持たず、勝義としては不生起であり存在することはないが、世俗としては生じ現れ非存在ではない幻等のようであると、そのように存在を見て生きることである。そのように存在を見るところに、中道を生きることの意味・価値があることになる。その意味・価値は、菩薩の道が目指す無住処涅槃と仏陀の一切智の確立・完成の意味・価値と深く関わることになるであろう。

【後註1】PPṬ D240b7–241a1: rten cing ’brel par ’byung ba bden pa gnyis kyi tshul du rnam par gzhag pa gang yin pa de stong pa nyid du bshad pa [...] //.「二諦の

あり方に応じて確立された縁起が空であると説かれる。」PPṬ D241b7–242a1: rten cing 'brel par 'byung pa zhes bya ba stong pa nyid gang yin pa bten nas gdags par bya ba de nyid dbu ma'i lam ste /.「「縁起」と言われる空性は〔質料因等に〕依拠しての表示であり、それ（空性＝縁起）こそが中道である。」二種の中道は、二諦説に依拠して確立された二種の縁起に応じて成立するようである。第二部第一章【後註4】を見よ。

【後註2】「縁起」(pratītyasamutpāda) に対するカマラシーラの語源学的説明については、MATSUOKA (2019: 139–164) と TSP$_{Sh}$ 19,10–16 (TSP$_{K}$ 15, 9–15) を見よ。カマラシーラは、『真実綱要』六偈aの pratītyasamutpāda という語を註釈して、「縁起」の「起」(samutpāda) についての二つの解釈を提出する。①「生じたもの」(samutpanna)、即ち「〔依存して（縁って）〕生じた〔事物〕」としての解釈と、②「行為主体」(kartṛ)、即ち「〔原因と条件に依存して結果を〕生ずるものである〔事物〕」としての解釈。したがって、①②どちらの解釈も「事物」(vastu) を意味するのである。

【後註3】次を見よ。MĀ D218b3–4: dngos po rnams rta'i rwa lta bur khas blangs pa ni ma yin no // 'o na ci zhe na / sgyu ma la sogs pa'i ngo bo nyid lta bur yin te / de dag kyang sgyu ma la sogs pa bzhin du mngon sum kho na'o //.「〔我々中

観派は、〕諸事物は馬の角のようであると認めているのではないのである。「では、どのようなものとして〔認めるのか〕」と〔汝が〕言うならば、〔答えよう。〕それらは幻等の性質のもののようである。幻等のように、それら（諸事物）も実に知覚されるのである。」また、次も見よ。MĀ D169a3-5: [’on kyang] gang la (CDP la: GN las) dus thams cad du kun rdzob tu yang rgyu med pa de ni tha snyad du yang mi skye ba nyid de / dper na ri bong gi rwa la (CDGN la: P om.) sogs pa lta bu’o // gang la yod pa de ni don dam par (GNP par: CD pa) ngo bo nyid med kyang skye ste dper na sgyu ma dang gzugs brnyan la sogs pa lta bu’o // sgyu ma la sogs pa ’di rten cing ’brel bar ’byung ba yin yang dngos po nyid du thal ba ma yin te / grags pa dang tshad mas gnod pa’i phyir ro // de dang ’dra bar chos thams cad rten cing ’brel bar ’byung ba yin yang dngos po nyid du thal ba ma yin pa kho na ste / tshad mas gnod pa’i phyir ro //.「〔むしろ、〕世俗としてさえも全く原因を持たないものは、世俗としてさえも全く生じないのであり、たとえば、うさぎの角等の〔完全に非存在なものの〕ようにである。原因を持つものは、勝義として無自性であるけれども、幻や影像等のように、生じるのである。これら幻等は、〔原因や条件に〕縁って生じたものであるけれども、それらは実在物であるとは帰結されない。そのことは、〔世俗上の〕一般的理解と正しい認識手段とによって排斥されるか

らである。それと等しく、一切の〔世俗として〕存在しているもの（一切法）は〔原因や条件に〕縁って生じたものであるけれども、それらは実在物であると帰結されることは全く無いのである。そのことは、正しい認識手段によって排斥されるからである。」さらに、事物の空性や不生起は、実際に経験される物事と矛盾しないことについては次を見よ。MĀ D237a1–2: sgyu ma la sogs pa bzhin du tha snyad pa’i skye ba khas blangs pas rnam pa thams cad du skye ba med pa’i phyir skye ba med par khas len pa yang ma yin la / yang dag pa pa yang ma yin pas de’i phyir mthong ba la sogs pa dang ’gal ba ma yin no //.「幻等のように〔事物の〕世俗の生起は認められるので、〔世俗としても〕全く不生起であるから「不生起である」と〔我々中観派は〕認めているのではないし、〔事物の生起は〕真実のことでもないので、したがって、〔事物の勝義としての不生起は、〕実際に経験される物事と矛盾しないのである。」

【後註4】次を見よ。MĀ D149b7: kun rdzob pa’i ngo bo nyid la yang skur pa ’debs par byed pa [...] /.「世俗の自性をも否認して……。」また、次も見よ。MĀ D153a4–5: gang dag gzhan gyi dbang gi ngo bo nyid ji skad bshad pa kun rdzob pa yang ’gog par byed pa de’i phyir gzhan gyi dbang ni yod pa yin no zhes gsungs so // gang zhig ji skad bshad pa’i mtha’ ’di gnyis su rtog par byed pa de ni dbu ma'i lam la mi 'jug ste / [...] //.「或る者たちは、先述の世俗の他に依るあり方のものをも否定するから、「他に依る〔あり方の〕ものは存在する（『入楞伽経』第二章一九一偈b）」と説かれたのである。先述の〔捏造と否認という〕二極端を構想する者は、中道に入らないのである。」さらに、次も見よ。MĀ D153a7-b1: gzhan gyi dbang kun rdzob tu skye ba'i phyir dang / de la brten nas sprul pas sprul pa bzhin du rnam par rtog pa gzhan skye ba'i phyir de bas na gzhan gyi dbang la brten nas su // mi rnams kyi ni rnam rtog skye // zhes gsungs so // 'dis ni skur pa 'debs pa'i mtha' bsal ba yin te / kun rdzob pa'i skye ba la skur ba mi 'debs pa'i phyir ro //.「他に依る〔あり方の〕ものは世俗として生起するから、そしてその〔世俗の他に依るあり方〕に依拠して、変現するものが変現するように、他の構想作用が生起するから、したがって、「他に依る〔あり方〕に依拠して、人々の構想作用は生じる（『入楞伽経』第一〇章一五〇偈cd）」と説かれたのである。このことによっては、否認という極端が否定されたのである。世俗の生起は否認し得ないからである。」

【後註5】カマラシーラの中観思想では、「縁起」「他に依るあり方」（依他起性）そして「正しい世俗」（実世俗）はすべて、縁って生じた事物（vastu）を意味するものとして解釈される。『中観光明論』の依他起性の解釈については、本書一三八頁を見よ。実世俗の特徴を説く『中観荘厳論』六四偈とその註釈については、本書一三三頁を見よ。

また、KEIRA (2009: 14–16, fn. 29) も見よ。加えて、実世俗諦を説明するジュニャーナガルバの『二諦分別論』八偈abcとその註釈については、本書一一三頁を見よ。

【後註6】カマラシーラのこの中道解釈は、『中観荘厳論』に引用された『六十頌如理論』四五偈に対する彼の註釈においても見られる。その四五偈は次のように言う。upādāya tu ye bhāvān icchanty udakacandravat / nāpi tathyaṃ na cātathyaṃ hriyante te na dṛṣṭibhiḥ //.「依存して〔在る〕諸存在を、水面の月のように、真実でもなく虚偽でもないと認める者たちは、〔邪悪な〕見解によって連れ去られることはない。」この四五偈に対して、彼は『中観荘厳論細疏』D121a5–6で次のように註釈する。gang gi tshe yang dag pa mthong ba dag yin snyam pa la / gang dag brten nas dngos po rnams // zhes bya ba la sogs pa smos so // de dag ltas mi 'phrogs zhes bya ba ni sgro 'dogs pa dang / skur pa 'debs pa'i mtha' gnyis spang nas dbu ma'i lam du zhugs pa'i phyir ro //.「「どのような場合に、真実を見る者たちである〔と言える〕のか?」ということに対して、「依存して〔在る〕諸存在を」云々と言ったのである。「その者たちは、〔邪悪な〕見解によって連れ去られることはない」というのは、〔その者たちは〕捏造と否認の二極端を排除して、中道に入るからである。」縁って生じた、水面の月のような諸存在は、それら自体、真実でも虚偽でもないので、二極端を離れていると理解する者たちは中道に入るのである。

【後註7】MĀ D149b7–150a1：dam pa ma yin pa'i bstan bcos mnyan pa la sogs pa la mngon par zhen pas blo gros phyin ci log tu gyur pa gang dag kun rdzob tu yod pa ma yin pa brdzun pa kho na la yang rtag pa la sogs pa'i dngos por sgro 'dogs shing [...] //.「劣った論書の聴聞等に執着することで知が錯誤している者たち、また世俗として〔も〕存在しない全く虚偽なものに対して恒常等なる事物〔の自性〕を捏造して……。」

【後註8】MAK_I 82: de phyir rtag chod lta ba rnams // gshung 'di la ni ring du gnas // ldog dang rjes su 'jug pa yang // sa bon myu gu lcug songs bshin //.「それゆえ、常〔見〕と断見は、この〔中観派の〕教理において拒絶される。〔すべての事物が瞬間的に〕消滅することと〔その消滅に〕引き続いて〔瞬間的に〕発生することは、種子と芽と枝等の〔ものの関係の〕ようである。」八二偈は、常見と断見の世俗における排除のみを説明する。次を見よ。MAP D125a2 P133a3–4: de nyid kyi phyir kun rdzob tu yang rtag pa dang / chad pa med par yang 'grub（D 'grub：P grub）po zhes bstan pa'i phyir / de phyir rtag chod lta ba rnams // zhes bya ba smos te / [...] //.「それゆえにこそ、常〔見〕と断〔見〕は世俗としても不成立であることが成り立つのであると説き示すために、「それゆえに、常〔見〕も断見も……（八二偈）」と説かれたのである。」また、次も見よ。MAV D76a3: don dam par rtag pa dang chad pa dag gi skabs med pa nyid de / […] //.「勝義としては、恒常と断絶という〔二つの〕状態は全く不成立である。」

【後註9】ŚSṬ P191b5–192a8. 英訳は、SCHOENING（1995: vol. 1, 312, 10–314, 11）を見よ。『稲芉経広釈』に対する法成の註釈『大乗稲芉経随聴疏』（大正85）が記す『稲芉経広釈』の内容分析によると、『稲芉経広釈』のこの箇所は、世俗における二極端の排除（離二辺）を説明していると言える：(549a14–15;)「総摂門第六明云何所知。文分為二。一勝義。二世俗。」(549c24–25;)「次明第二世俗。而観因縁文分為二。初標。後**釈**。」(550b12;)「第二此明**釈**文二。初外（因縁法）。後**内**（**因縁法**）。」(551c19–20;)「第二明**内因縁法**。文分為二。一因相応。二**縁相応**。」(552a17–20;)「第二明**縁相応**義文八。一従種種無常因所生門。二従能成縁所生門。三従無作者縁所生門。四弁体。五釈名。六続支。七**離二辺**。八束因。」

【後註10】ŚSṬ P191b6, P191b7–8. 主宰神は不正因（viṣamahetu）と見なされる。不正因については、MV 3–18cd、MVBh 45, 22、MVṬ 148, 15–16を見よ。『稲芉経広釈』は、P185a1–2で、不正因（mi mthun pa'i rgyu）に言及する。

【後註11】SDVK 9cd.『二諦分別論』九偈とその自註については、本書一〇八頁を見よ。サンスクリット語対応文は、AAA 45, 6を見よ：niṣedhyābhāvataḥ spaṣṭaṃ na niṣedho 'sti tattvataḥ. また『中観荘厳論』七二偈abも見よ。

【後註12】YE（2017: 174, 5-9）・『中論』第二四章一八偈を註釈して、チャンドラキールティも、存在と非存在の二極端はいずれも、一切法について、自性としての不生起（svabhāvenānutpatti）を理解することによって排除されると言う。『明句論』504, 11-14を見よ。

断見と常見を排除する場合においても、これら二つの見解の勝義における排除は、勝義として存在する物事の捏造のみを排除することによって成立する。『中観荘厳論』八二偈を註釈して、シャーンタラクシタは、これら二つの見解の排除は、勝義としてだけではなく、世俗としても成立すると言う。八二偈については、本章【後註8】を見よ。それら二見解が勝義として排除され得ることを説明するとき、彼は次のように言う。「それら二見解は存在するものに依拠するので、存在するものが〔勝義として〕不成立ならば、それら二〔見解〕はどのようにして成立するだろうか？」『中観荘厳論註』D76a3を見よ。その八二偈に対して、カマラシーラは、『中観荘厳論細疏』の中で、断見が勝義として排除される場合、その断見とは、物事が恒常的に存在するだろうという誤った考えに対する執着である常見の否定に対する執着であると言う。『中観荘厳論細疏』D125a3-4, P133a5-6を見よ。

【後註13】チベット人テンダル著『中観光明論覚書』と、『牟《む》尼《に》本《ほん》宗《しゅう》荘《しょう》厳《ごん》論《ろん》』の北京版等のチベット訳三版に挿入されている註記（割註）とによると、『中観光明論』

D157a6–158b4は、シャーンタラクシタの考えを説明している箇所である。BNJ 93a5–93b1と計良（2016: 61, fn. 137）を見よ。瑜伽行派の中道解釈に対する批判については、MĀ D157b6–158b4と計良（2016: 64–73）を見よ。

【後註14】MĀ D158a4–6: gal te dbu ma la sems kyi rang gi ngo bo bdag nyid kyi dngos po don dam pa ci yang rung ba zhig yod par gyur na ni de'i tshe de la de yod pas rtag go zhes bya bar mngon par zhen pa yang ji ltar mthar 'gyur te / [...] // gal te dbu ma la dngos po'i rang gi ngo bo med na med do zhes bya bar 'dzin pa yang mthar mi 'gyur ro snyam du sems na / de yang rigs pa ma yin te / (CD te /: GNP te / med do zhes bya bar 'dzin pa yang rigs pa ma yin te /) med do zhes bya bar 'dzin pa yang yod par 'dzin pa med na med pa yin pa'i phyir ro //.「もし〔二極端の〕「中」(dbu ma) に、心それ自体の本性から成る何らかの勝義の事物があることになったならば、その場合、その〔「中」〕は存在するので、その〔存在〕に対して、「恒常である」とか「無常である」と執着することはどうして極端となるだろうか。……【反論】「中」に〔対象として構想された〕事物それ自体の本性が無いならば、「非存在である」と把握することは極端にはならないであろう。【答論】それも正しくないのである。「非存在である」と把握することはまた、「存在する」と把握することが無いならば、無いからである。」計良

(2016: 69–70) を見よ。

【後註15】三種の異なる中道は、ハリバルマン(*Harivarman 三〜四世紀)著『成実《じょうじつ》論』(**Tattvasiddhi*) の中に見付けることができる。まず、「事物は勝義として非存在であり世俗として存在する」という考えにある中道については、『成実論』大正 32, 316c10–11 を見よ:「若第一義諦故説無。世諦故説有。名捨二辺行於中道。」次に、勝義の中道、即ち、常見と断見の二見解を離れた空性は、317b9–10 に説かれる:「正修習空則無我見。我見無故則無二辺。」最後に、世俗の中道は、327b18–21 等に説かれる:「以世諦故得成中道。所以者何。五陰相続生故不断。念念滅故不常。離此断常名為中道。如経中説。見世間集則滅無見。見世間滅則滅有見。」ただし、ハリバルマンは、カマラシーラのように、三種の中道を組織的に整理したのかどうかについては不明である。

【後註16】MĀ D234a3–4 P261a8–b1: de kho na nyid gyi (P kyi: D kyis) don gyi mtshan nyid kyi don dam pa dang / 'dus byas kyi mtshan nyid kyi kun rdzob pa dang lhan cig / gcig (P gcic: D cig) pa yang ma yin zhing tha dad par yang mi 'dod de / [...] //.「〔最高の無分別知の〕対象である真実として特徴付けられる勝義と有為〔法〕として特徴付けられる世俗とは、同一ではないし、別であるとも認められない。」

【後註17】MĀ D234b6–7 P262a7–b1: ye shes kyi bdag nyid kyi don dam pa ni sgyu ma la sogs pa dang khyad par med pa'i phyir yang dag pa'i kun rdzob kyi ngo bo nyid kyang yin la / de kho na nyid rtogs pa dang mthun pa'i phyir don dam pa'i ngo bo nyid kyang yin pas ltos（D ltos: P bltos）pa'i bye brag gis gcig la gnyis（D gnyis: P gnyi）ka'i ngo bo nyid mi 'gal lo //.「知を本性とする勝義は、幻等と異ならないので正しい世俗の性質のものでもあるし、真実の理解の助けとなるから勝義の性質のものでもあるので、観点の違いによって、同一のものが〔世俗と勝義の〕両方の性質を持つことは矛盾しないのである。」サンスクリット対応文は、MMA 129, 5–7を見よ。

【後註18】MĀ D150b7–151a1: gzhan gyi dbang gi（CD gi: GNP gis）ngo bo nyid ni yang dag pa'i ngo bo nyid du rigs pa ma yin te / de lta na ni sgyu ma la sogs pa yang dngos po nyid du thal bar 'gyur te / de dag kyang rkyen la rag las par（CDNP par: G om.）khyad par med pa'i phyir ro //.「他に依るあり方のものは、真実の自性〔をもつもの〕としては論理的に正しくないのである。そうならば、幻等も実在するものであることになってしまうのである。それら（幻等）も、条件に依存するものとしては区別が無いからである。」本章【後註3】を見よ。

【後註19】MĀ D223a5–6: 'di ltar dngos po thams cad don dam par ngo bo nyid med pa kho na yin yang sgyu ma bzhin du rang gi rgyu dang rkyen tshogs pa’i gzhan gyi dbang kho na las ’byung ngo //.「即ち、一切の事物は、勝義として全く無自性であるけれども、幻のように、それ自身にとっての原因と条件の集合体に依存してのみ、生じるのである。」MĀ D224b5–6: dngos po kun rdzob pa sgyu ma bzhin du rgyu dang rkyen la ltos pa yang yod pa’i phyir ro //.「幻のように原因と条件に依存する世俗の事物もあるからである。」

【後註20】MĀ D171a1: dngos po thams cad ri bong gi rwa dang ’dra bar shing tu med pa nyid du ni mi ’dod kyi / ’on kyang sgyu ma la sogs pa bzhin du don dam par med pa nyid do //.「一切の事物はうさぎの角のように完全に非存在であるとは〔我々中観派は〕認めない。それでもやはり、〔それらは〕幻のように勝義としては存在しないのである。」MĀ D152a1–2: ’di la yang ji skad bshad pa’i gzhan gyi dbang gi ngo bo nyid kun rdzob tu rgyu dang rkyen sbyor ba’i stobs kyis skyes pa nyid kyi sgyu ma bzhin du ngo bo nyid med pa’i phyir sbyor ba las byung ba zhes bya’o // de skad du ’phags pa shes rab kyi pha rol tu phyin pa las / sbyor ba las byung ba’i ngo bo nyid ni yod pa ma yin te / rten cing ’brel bar ’byung ba’i phyir ro zhes gsungs so //.「この〔結合から生じる自性を意図して世尊が説いた〕ことについても、先述の他に依るあり方が、世俗として原因や条件が結合することによって

まさに生じ、幻のように無自性であるから、「結合から生じる〔自性〕」と言われるのである。そのように、『聖般若〔経〕』の中で、「結合から生じるものに、自性は存在しない。縁起するからである」と説かれたのである。」計良（2016: 37, 2–7）を見よ。

MĀ D236a6: de'i phyir dngos po 'di dag ni yang dag par na sgyu ma bzhin du gzhan la rag las pa'i ngo bo nyid kyis ngo bo nyid med pa kho na yin no //.「したがって、これらの事物は、真実として、幻のように他に依存する性質のものであるので、まさに無自性なのである。」

【後註21】SDhNS D290a7, P336a6–8: de'i phyir shes rab kyi stobs kyis 'khor ba la mi gnas pa'i phyir dang / thabs kyi stobs kyis mya ngan las 'das par mi 'jug pa'i phyir byang chub sems dpa' rnams kyi lam thabs dang shes rab kyi ngo bo ni (P bo ni: D bo) mi gnas pa'i mya ngan las 'das pa thob pa'i (D pa'i: P pa i) rgyu yin no //.「したがって、智慧の力によって輪廻に住しないから、そして手段の力によって涅槃に入らないから、菩薩たちの、手段と智慧から成る道は、無住処涅槃を獲得する原因である。」

【後註22】『中論』の著作目的については、PsP$_M$ 119, 1 を見よ。

中観論書の中で、無住処涅槃はどのように説かれているか、思想史研究の立場から、少々説明を加えておく。無住処涅槃は、まず、ナーガールジュナに帰されている『宝《ほう》行王正論《ぎょうおうしょうろん》』（*Ratnāvalī*）の中に説かれている。『宝行王正論』第一章四二偈は、『中論』第二五章四偈と七偈が説くように、存在と非存在に対する執着が（寂）滅した涅槃（bhāvābhāvaparāmarśakṣayo nirvāṇa）を説いているけれども、第五章八五偈は、菩薩たちは、無上の悟りを得ても、衆生たちのためにこの世界・輪廻に留まるべきであると言う：yāvat caiko 'py amuktaḥ syāt sattvaḥ kaścid iha kvacid / tāvat tadarthaṃ tiṣṭheyaṃ bodhiṃ prāpyāpy anuttarām //. 和訳は、瓜生津（1974: 314, 2-3）を見よ：「生きとし生けるものがたとえわずかであってもいまだ解脱していないかぎり、そのために、無上の菩提（さとり）を得ても（輪廻に）とどまる者となりますように。」また、『宝行王正論』第四章六五偈と六六偈も見よ。しかしながら、『宝行王正論』は、菩薩たちはこの世界・輪廻に留まるべきであるという考えを、中道の思想と結び付けてはいない。次に、バーヴィヴェーカの『中観心論』第一章二〇偈と二一偈等において、無住処涅槃は説かれており、『論理の炎（思択炎）』（D47a2）は、その二一偈に対して、「その偈によって、師は、菩薩たちの無住処涅槃を説いている」と註釈する。両偈の英訳は、GOKHALE AND BAHULKAR（1985: 98, 19-24; 99, 7-10）を見よ。また、無住処涅槃は『中観心論』第三章二九四偈でも説かれている。しかしながら、バーヴィヴェーカがこの涅槃の考えと中道の思想とを結び付けているかどうかについては、現段階では不明である。バーヴィヴェーカは、縁起を「世俗

〔諦〕に依拠する縁起」と「勝義〔諦〕に依拠する縁起」の二種に分けたけれども、世俗と勝義の二諦は縁起の二つの側面・性質であるとは説いていないようであることに注意すべきである。第二部第一章【後註4】を見よ。最後に、チャンドラキールティは、『入中論』において無住処涅槃を説いており、三種の慈悲、即ち「衆生を対象とする〔慈悲〕、法〔として見られるもの〕を対象とする〔慈悲〕、対象を持たない慈悲」(karuṇāḥ sattvālambanā dharmālambanā anālambanāś ca) の三種の内の後の二種の慈悲によって、中道の思想と無住処涅槃の考えを結び付けたと言うことは可能かもしれない。三種内の後の二種の慈悲については、MACDONALD (2015b: 356) を見よ。ここでの中道とは、水面に映った月のように、すべての存在・生き物は、無自性・空であるが、無常なる法・事物として現れていることを理解することにより確立される中道のことである。つまり、彼は、『明句論』においては、空性が中道であり、「概念化の止滅(戯論寂滅)」と「至福なる」という二語によって特徴付けられるところの〔勝義の〕涅槃を説くけれども、『入中論』における彼は次のように言うのである：(1–4ab:) antaścaladvāriṇi candravac calaṃ svabhāvaśūnyaṃ ca jagad vipaśyataḥ /; (12–42d:) bcom ldan thugs rjes khyod thugs zhi las bzlogs pas khyod la mya ngan 'da' mi mnga' //.「揺れ動く水面の月のように、生き物たちは、無常であり自性を欠いていると見る者の〔慈悲に、私は敬礼する*〕(第一章四偈ab)」

「世尊よ、汝は、慈悲により、心が寂静にあるのを止めるので、涅槃に〔入ら〕ないのである。（第一二章四二偈d）」（*〔 〕内の語については、$MAtBh_{Skt}$ 6, 1を見よ。）

【後註23】MMK 23–22ab: evaṃ nirudhyate 'vidyā viparyayanirodhāt /.「このように、誤った認識（顛倒）が滅することから、無明が滅するのである。」カマラシーラは、『稲芉経広釈』で、誤った理解（log par shes pa; mithyāpratipatti）、つまり誤った認識は、無明の同義語であると言う。ŚST D158b2–3, P189b7–190a1. 英訳は、SCHOENING（1995: vol. 1, 303, 9–14）を見よ。他方、梶山（1980; 139）は、誤った認識（顛倒）は無明の原因であると言う。

【後註24】後得知《ごとくち》（pṛṣṭhabhāvanī [...] prajñā）については、KEIRA（2004: 79–80）を見よ。ある知覚の直後に起こる認識・智慧は有分別知（概念知）であり、その知覚の対象に対する判断を生じ、そしてそれは、誤りを生ずる原因が全く無い場合には、欺きのない（avisaṃvāda）ものであり得る。この後得知は、直接知覚ではなく、推論でもないものとして説明される。つまり、それは正しい認識手段（pramāṇa）ではないのである。なぜならば、それは、正しい認識手段によって既に捉えられた物事を対象とするので、定義上、認識手段とは認められないのである。さらにまた、勝義を対象とするヨーガ行者の直接知覚の直後に得られる認識（後得知）は、「清らかな世間的有分別知」とか「清らかな世間的判断知」等と呼ばれる。TSP_{Sh} 1090, 9–10（TSP_K

901, 16–17）と1126, 8（TSP$_K$ 932, 6–7）を見よ。

【後註25】BhK III 29, 13–16における『法集経』の引用を見よ：māyākāro yathā kaścin nirmitaṃ moktum udyataḥ / na cāsya nirmite saṅgo jñātapūrvo yato [sya saḥ] // (tri)bhavaṃ nirmitaprakhyaṃ jñātvā saṃbodhipāragāḥ / sannahyanti jagaddhetor jñātapūrve jage tathā /.「ある幻術士が幻術によって創り出されたものを解き放とうと努めるが、それ〔の幻の性質〕は彼によって既に理解されているから、彼は〔この〕幻術によって創り出されたものに対して〔何の〕執着も持たない。同様に、三界は幻術によって創り出されたもののようであると理解してから、悟りに到達した熟達者たちは、生き物たち〔の幻の性質〕を既に理解しているから、生き物たちのために鎧《よろい》をまとうのである。」『中観光明論』と『修習次第』における『法集経』のこの文の引用については、KEIRA（2004: 108, fn. 167）を見よ。また、『中観光明論』D169b3–4とKEIRA（2004: 109, 1–4）も見よ。

略号及び使用テキスト

AAA　ハリバドラ著『現観荘厳論光明般若波羅蜜多釈』(*Abhisamayālaṃkārālokā Prajñāpāramitāvyākhyā*). U. Wogihara. *Abhisamayālaṃkārālokā Prajñāpāramitāvyākhyā*: The Work of Haribhadra. Tokyo: The Toyo Bunko, 1932. Reprinted in Tokyo: Sankibo Buddhist Book Store LTD., 1973.

ABh　*Akutobhayā*. D3829, P5229.

ASBh　*Abhidharmasamuccayabhāṣya*: 瑜伽行思想研究会．梵蔵漢対校, E-text, *Abhidharmasamuccaya and Abhidharmasamuccayabhāṣya*. Volume I, II, III, Shiga (www.shiga-med.ac.jp/public/yugagyo/), 2003.

ATBS　Arbeitskreis für Tibetische und Buddhistische Studien Universität Wien.

BNJ　テンダル著『中観光明論覚書』(*dBu ma snang ba'i brjed tho*): Lokesh Chandra. *Works of bsTan dar sngags rams pa*. Śatapiṭaka Series.

Volume 291. New Delhi: Sharada Rani, 1982.

BhK I　カマラシーラ著『修習次第初篇』(*First Bhāvanākrama*). Giuseppe Tucci. *Minor Buddhist Texts, part 2: First Bhāvanākrama of Kamalaśīla, Sanskrit and Tibetan Texts with Introduction and English Summary*. Rome: Is.M.E.O., 1958.

BhK II　カマラシーラ著『修習次第中篇』(*Second Bhāvanākrama*). D3916, P5311.

BhK III　カマラシーラ著『修習次第後篇』(*Third Bhāvanākrama*). Giuseppe Tucci. *Minor Buddhist Texts, part 3: Third Bhāvanākrama*. Rome: Is.M.E.O., 1971.

BPMMV　ブッダパーリタ著『ブッダパーリタ根本中論註』(*Buddhapālita–mūlamadhyamakavṛtti*). SAITO (1984) Part II, 1–375 を見よ。

C　Co ne Tibetan Tripiṭaka.

D　sDe dge Tibetan Tripiṭaka.

DhSS　『法集経』(*Dharmasaṅgītisūtra*). D238, P904.

G　Golden Manuscript.

HB　ダルマキールティ著『因一滴論』(*Hetubindu*). Ernst Steinkellner. *Dharmakīrti's Hetubindu Critically edited by Ernst Steinkellner on the basis of preparatory work by Helmut Krasser with a transliteration of the Gilgit fragment by Klaus Wille*. Beijin–Vienna: China Tibetology Publishing House and Austrian Academy of Science Press, 2016.

HBṬ　バッタアルチャタ著『因一滴論註』(*Hetubinduṭīkā*). S. Sanghavi and Sh. Jinavijayaji. *Hetubinduṭīkā of Bhaṭṭa Arcaṭa: With the subcommentary entitled Āloka of Durveka Miśra*. Gaekwad's Oriental Series No. 113. Baroda: Oriental Institute, 1949.

LAS　『入楞伽経』(*Laṅkāvatārasūtra*). B. Nanjio. *The Laṅkāvatārasūtra*. Kyoto, The Otani University press, 1923.

MAK　シャーンタラクシタ著『中観荘厳論頌』(*Madhyamakālaṃkārakārikā*). D3884, P5284.

MAK$_I$　*Madhyamakālaṃkārakārikā* 校訂テキスト。一郷（1985）を見よ。

MAP　カマラシーラ著『中観荘厳論細疏』(*Madhyamakālaṃkārapañjikā*). D3886, P5286.

MAt　チャンドラキールティ著『入中論』(*Madhyamakāvatāra*). MAtBh を見よ。

MAt_{Li}　『入中論』第六章サンスクリット語校訂テキスト。LI (2015) を見よ。

MAtBh　チャンドラキールティ著『入中論註』(*Madhyamakāvatārabhāṣya*): L. de la Vallée Poussin. *Madhyamakāvatāra par Candrakīrti: Traduction tibétaine*. St.–Petersburg: Imprimerie de l'Académie Impériale des Sciences, 1907–1912. Reprinted in Osnabrück: Biblio Verlag, 1970.

$MAtBh_{Skt}$　『入中論註』第一～六章サンスクリット語校訂テキスト。Candrakīrti's *Madhyamakāvatārabhāṣya* Chapter 1 to 5. Beijing–Vienna: China Tibetology Publishing House and Austrian Academy of Sciences Press, 2022.

MAV　シャーンタラクシタ著『中観荘厳論註』(*Madhyamakālaṃkāravṛtti*). D3885, P5285.

MĀ　カマラシーラ著『中観光明論』(*Madhyamakāloka*). D3887, P5287.

MMA　アバヤーカラグプタ著『牟尼本宗荘厳』(*Munimatālaṃkāra*). 李・加

納（2017）と加納・李（2018）を見よ

MMA$_T$ *Munimatālaṃkāra* Tibetan edition. D3903, G3298, N3290, P5299.

MMK ナーガールジュナ著『中論頌』(*Mūlamadhyamakakārikā*). YE (2011) を見よ。

MSA 『大乗荘厳経論』(*Mahāyānasūtrālaṃkāra*). Sylvain Lévi. *Asaṅga, Mahāyānasūtrālaṃkāra: Exposé de la doctrine du grand véhicule selon de système Yogācāra, Tome I–texte*. Paris: Librairie Honoré Champion, 1907. Reprinted in Kyoto: Rinsen Book Co., 1983.

MV 『中辺分別論』(*Madhyāntavibhāga*). MVBh を見よ。

MVBh ヴァスバンドゥ著『中辺分別論釈』(*Madhyāntavibhāgabhāṣya*). Gadjin Nagao. *Madhyāntavibhāgabhāṣya: A Buddhist philosophical treatise edited for the first time from a Sanskrit manuscript*. Tokyo: Suzuki Reserch Foundation, 1964.

MVṬ スティラマティ著『中辺分別論釈疏』(*Madhyāntavibhāgaṭīkā*). Susumu Yamaguchi. *Madhyāntavibhāgaṭīkā: Exposition Systématique du Yogācāravijñaptivāda.* Nagoya: Librairie Hajinkaku, 1934. Reprinted in Tokyo: 鈴木学術財団 (Suzuki Gakujutsu Zaidan), 1966.

N　sNar thang Tibetan Tripiṭaka.

P　Peking Tibetan Tripiṭaka.

PP　バーヴィヴェーカ著『般若灯論』(*Prajñāpradīpa*). D3853, P5253.

PS　ディグナーガ著『集量論』(*Pramāṇasamuccaya*).

PsP　チャンドラキールティ著『明句論』(*Prasannapadā*).

PsP_{LVP}　*Prasannapadā* 校訂テキスト。Louis de La Vallée Poussin. *Mūlamadhyamakakārikās (Madhyamikasūtras) de Nāgārjuna: Avec la Prasannapadā, Commentaire de Candrakīrti.* St. Petersburg, 1903–1913. Reprinted in Osnabrück: Biblio Verlag, 1970.

PsP_{M}　*Prasannapadā* 第1章校訂テキスト。MACDONALD (2015a) を見よ。

RV　『宝行王正論』(*Ratnāvalī*). Michael Hahn. *Nāgārjuna's Ratnāvalī: Vol. 1, The Basic Texts (Sanskrit, Tibetan, Chinese).* Bonn: Indica et Tibetica Verlag, 1982.

SDVK　『二諦分別論頌』(*Satyadvayavibhaṅgakārikā*). D3881.

SDVP　シャーンタラクシタ著『二諦分別論細疏』(*Satyadvaya-vibhaṅgapañjikā*). D3883, P5283.

SDVV　ジュニャーナガルバ著『二諦分別論』(*Satyadvayavibhaṅgavṛtti*). D3882.

SDhNS　カマラシーラ著『一切法無自性論証』(*Sarvadharma-niḥsvabhāvasiddhi*). D3889, P5289.

SNS　『解深密経』(*Saṃdhinirmocanasūtra*). Etienne Lamotte. *Saṃdhi-nirmocanasūtra: L'Explication des mystères.* Université de Louvain, Recueil de travaux publiés par les membres des Conférences d'Histoire et de Philologie 2e Série, 34e Fascicule. Louvain: Bibliothèque de l'Université; Paris: Adrien Maisonneuve, 1935.

ŚS　『稲芋経』(*Śālistambasūtra*). N. Aiyaswami Sastri. *Śālistambasūtram in Mahāyānasūtrasaṃgraha*. Darbhanga: Mithila Institute, 1961.

ŚSṬ　カマラシーラ著『稲芋経広釈』(*Śālistambasya ṭīkā*). D4001, P5502. SCHOENING (1995: vol. 2) も見よ。

TĀ　カマラシーラ著『真実光明論』(*Tattvāloka*). D3888, P5288.

TJ　『論理の炎（思択炎）』(*Tarkajvālā*). D3856, P5256.

TrBh　スティラマティ著『三十論註』(*Triṃśikābhāṣya*). Hartmut Buescher. *Sthiramati's Triṃśikāvijñaptibhāṣya: Critical Editions of the Sanskrit Text and its Tibetan Translation*. Vienna: VÖAW, 2007.

TrṬ　ヴィニータデーヴァ著『三十論註疏』(*Triṃśikāṭīkā*). JAINI (1985) を見よ。

TSP　カマラシーラ著『真実綱要細疏』(*Tattvasaṃgrahapañjikā*).

TSP$_K$　*Tattvasaṃgrahapañjikā* 校訂テキスト。E. Krishnamacharya. *Tattvasaṅgraha of Śāntarakṣ ita: With the Commentary of Kamala śīla*. Vol. I and Vol. II. Baroda: Oriental Institute, 1926. Vol. I reprinted in 1984, Vol. II reprinted in 1988.

TSP$_{Sh}$　*Tattvasaṃgrahapañjikā* 校訂テキスト。D. Shastri. *Tattvasaṅgraha of Ācārya Shāntarakṣita: With the Commentary 'Pañjikā' of Shri Kamalaśīla*. Bauddha Bharati Series 1, 2. Varanasi, 1968.

YṢV　チャンドラキールティ著『六十頌如理論註』(*Yuktiṣaṣṭikāvṛtti*). SCHERRER–SCHAUB (1991) を見よ。

参考文献

赤羽（2003）　赤羽律「年代確定の指標としてのavicāramaṇīya」『南都仏教』八三号、三三―五九頁。

赤羽（2004）　赤羽律「究極的真理と世俗の真理：ジュニャーナガルバの二真理説とチベットにおける思想的立場」『哲学研究』五七七号、八〇―一一四頁。

池田（2000）　池田道浩「Candrakīrti の所知障解釈」『印度学仏教学研究』四九巻一号、一一二―一一五頁。

池田（1985）　池田練太郎「Candrakīrti『五蘊論』における諸問題」『駒沢大学仏教学部論集』一六号、二三―四五頁。

一郷（1985）　一郷正道 *Madhyamakālaṃkāra of Śāntarakṣita: With his own commentary or Vṛtti and with the subcommentary or Pañjikā of Kamalaśīla.*『中観荘厳論：シャーンタラクシタの思想（*別巻）』（*「はしがき」の説明による。）文栄堂。

稲見（2012）　稲見正浩「存在論：存在と因果」『シリーズ大乗仏教9　認識論

と論理学』春秋社、四九―九〇頁。

瓜生津（1974）瓜生津隆真「『宝行王正論』（一連の宝珠：王への教訓）」『大乗仏典14　龍樹論集』中央公論社、二三一―三一六頁。

江島（1980）江島惠教『中観思想の展開：Bhāvaviveka研究』春秋社。

江島（1982）江島惠教「自立論証派：バーヴァヴィヴェーカの空思想表現」『講座大乗仏教7　中観思想』春秋社、一四七―一七四頁。

江島（1985）江島惠教「『中論』註釈書における「縁起」の語義解釈」『平川彰博士古稀記念論集　仏教思想の諸問題』春秋社、一三九―一五七頁。

太田（2018）太田蕗子「チャンドラキールティの菩薩階梯における所知と無明の習気について」『真宗文化』二七号、一七―三六頁。

梶山（1969）梶山雄一「仏教における瞑想と哲学」『哲学研究』五一二号、一九―三八頁。（梶山（2010）に再録）

梶山（1974）梶山雄一「後期インド仏教の論理学」『講座仏教思想第二巻　認識論論理学』理想社、二四三―三一〇頁。

梶山（1979）梶山雄一「シャーンタラクシタの批判哲学」『仏教の比較思想論的研究』東京大学出版会、三九五―四二六頁。（梶山（2010）に再録）

梶山（1980）　梶山雄一「中観派の十二支縁起解釈」『仏教思想史3　仏教内部における対論』平楽寺書店、八九―一四六頁。（梶山（2010）に再録）

梶山（1983）　梶山雄一「般若思想の形成」『講座大乗仏教2　般若思想』春秋社、一―八六頁。

梶山（1992）　梶山雄一『空入門』春秋社。

梶山（2010）　梶山雄一『梶山雄一著作集第五巻　中観と空Ⅱ』春秋社。

桂（1984）　桂紹隆「ディグナーガの認識論と論理学」『講座大乗仏教9　認識論と論理学』春秋社、一〇三―一五二頁。

桂・五島（2016）　桂紹隆・五島清隆『龍樹『根本中頌』を読む』春秋社。

加納・李（2017）　加納和雄・李学竹「梵文校訂『牟尼意趣荘厳』第一章（fol. 59v4–61r5）：『中観光明』世俗の定義箇所佚文」『密教文化』二三九号、七―二六頁。

加納・李（2018）　加納和雄・李学竹「梵文校訂『牟尼意趣荘厳』第一章（fol. 61r5–64r2）：『中観光明』世俗と言説および唯心説批判箇所佚文」『密教文化』二四一号、三二―五六頁。

岸根（2001）　岸根敏幸『チャンドラキールティの中観思想』大東出版社。

計良（2012）　計良龍成「カマラシーラの中観思想」『シリーズ大乗仏教6　空と中観』春秋社、八九―一一二頁。

計良（2013）　計良龍成「Kamalaśīla著『中観光明論』における〝世俗智に依拠した無自性性論証〟の成立について」『法政哲学』九号、一五―二七頁。

計良（2016）　計良龍成「『中観光明論』（*Madhyamakāloka*）後主張第1章「聖典による一切法無自性性の証明」の研究（1）：和訳・註解・チベット語校訂テキスト」*Acta Tibetica et Buddhica* 9: 1–121.

計良（2019）　計良龍成「『中観光明論』（*Madhyamakāloka*）が引用する『入楞伽経』X 256–258について」*Acta Tibetica et Buddhica* 12: 1–33.

五島（2012）　五島清隆「ナーガールジュナ作『十二門論』とその周辺」『シリーズ大乗仏教6　空と中観』春秋社、四三―六六頁。

斎藤（1989）　斎藤明「一乗と三乗」『岩波講座東洋思想第10巻　インド仏教3』岩波書店、四六―七四頁。

斎藤（2011）　斎藤明「大乗仏教の成立」『シリーズ大乗仏教2　大乗仏教の誕生』春秋社、三―三五頁。

斎藤（2012）　斎藤明「中観思想の成立と展開：ナーガールジュナの位置づけを

中心として」『シリーズ大乗仏教6　空と中観』春秋社、三―四一頁。

斎藤（2017）　斎藤明「Nāgārjuna における空と縁起：『中論偈』第24章・第18偈の解釈をめぐって」『国際仏教学大学院大学研究紀要』二一号、九一―一二一頁。

阪本（後藤）（1992）　阪本（後藤）純子「『梵天勧請』の原型」『印度学仏教学研究』四一巻一号、四六九―四七四頁。

佐々木（2000）　佐々木閑『インド仏教変移論：なぜ仏教は多様化したのか』大蔵出版。

佐々木（2013）　佐々木閑『本当の仏教を学ぶ一日講座　ゴータマは、いかにしてブッダになったのか』ＮＨＫ出版新書。

丹治（1988）　丹治昭義『中論釈　明らかなことばⅠ』関西大学出版部。

中村（1970）　中村元『原始仏教の思想　上』春秋社。

長尾（1982）　長尾雅人『摂大乗論：和訳と注解（上）』（インド古典叢書）、講談社。

生井（2008）　生井智紹『密教・自心の探求：『菩提心論』を読む』大法輪閣。

新作（2020）　新作慶明「チャンドラキールティにおける二種の真実（*tattva*）：

此縁性・唯此縁性との関係において」『印度学仏教学研究』六八巻二号、一二九―一三四頁。

服部・上山（1970）　服部正明・上山春平『仏教の思想4　認識と超越〈唯識〉』角川書店。

松本（1978）　松本史朗「Jñānagarbha の二諦説」『仏教学』五号、一〇九―一三七頁。

松本（1984）　松本史朗「後期中観派の空思想：「瑜伽行中観派」について」『理想』六一〇号、一四〇―一五九頁。

御牧（1988）　御牧克己「経量部」『岩波講座東洋思想第8巻　インド仏教1』岩波書店、二二六―二六〇頁。

山口（1966）　山口益『安慧阿遮梨耶造　中辺分別論釈疏』破塵閣書房。

横山（2016）　横山剛「『中観五蘊論』の著者について：月称部分著作説の再考察」『密教文化』二三七号、七一―一〇〇頁。

吉水（2010）　吉水千鶴子「チャンドラキールティの論理学」『印度学仏教学研究』五九巻一号、一二二―一二七頁。

李・加納（2017）　李学竹・加納和雄「梵文校訂『牟尼意趣荘厳』第一章（fol.

58r5–59v4)：『中観光明』四諦説三性説箇所佚文」『密教文化』二三八号、七一二七頁。

AKAHANE (2013) Ritsu Akahane. The two truth theory of Jñānagarbha. *Memoirs of the Reseach Department of the Toyo Bunko* 71: 69–107.

ECKEL (1987) Malcolm David Eckel. *Jñānagarbha's Commentary on the Distinction Between the Two Truths: An eighth century handbook of Madhyamaka philosophy*. Albany N.Y.: State of University of New York Press.

ECKEL (2008) Malcolm David Eckel. *Bhāviveka and His Buddhist Opponents.* Cambridge: Harvard University Press.

GOKHALE AND BAHULKAR (1985) V.V.Gokhale and S.S.Bahulkar. *Madhyamakahṛdayakārikā Tarkajvālā*, Chapter 1. *Miscellanea Buddhica*. Copenhagen: Akademisk Forlag. 76–108.

JAINI (1985) Padmanabh S. Jaini. The Sanskrit Fragments of Vinītadeva's *Triṃśikāṭīkā*. Bulletin of the School of Oriental and African Studies 48–3: 470–492.

KEIRA（2004） Ryusei Keira. *Mādhyamika and Epistemology: A study of Kamalaśīla's method for proving the voidness of all dharmas; Introduction, annotated translations and Tibetan texts of selected sections of the second chapter of the Madhyamakāloka*. Vienna: ATBS.

KEIRA（2006） Ryusei Keira. The proof of voidness and scriptural authority: Kamalaśīla's way of adopting scriptures. 望月海淑編『法華経と大乗仏教の研究』. Tokyo: 山喜房仏書林. 177–192.

KEIRA（2009） Ryusei Keira. The description of *niḥsvabhāvatā* and its intentional meaning: Kamalaśīla's solution for the doctrinal conflict between Mādhyamika and Yogācāra. *Acta Tibetica et Buddhica* 2: 1–24.

KEIRA（2022） Ryusei Keira. Jñānagarbha: Two truths Theory, Gradualism, and Mādhyamika Philosophy. *Routledge Handbook of Indian Buddhist Philosophy*. London and New York: Routledge. 450–462.

KEIRA（2023） Ryusei Keira. Kamalśīla's interpretation and philosophy of the middle way. *Étude Asiatique* 77. (forthcoming)

KELLNER（2011） Birgit Kellner. Dharmakīrti's criticism of external realism and the sliding scale of analysis. *Religion and logic in Buddhist philosophical analysis*. Vienna: Verlag der Österreichischen Akademie der Wissenschafte. 291–298.

LI (2015) Li Xuenzhu (李学竹). *Madhyamakāvatāra-kārikā* Chapter 6. JIP 43: 1–30.

LINDTNER (1979) Christian Lindtner. Candrakīrti's *Pañcaskandhaprakaraṇa: I. Tibetan Text. Acta Orientalia* 40: 87–145.

MACDONALD (2015a) Anne MacDonald. *In Clear Words: The Prasannapadā, Chapter One, Vol. I, Introduction, Manuscript Description, Sanskrit Text.* Vienna: VÖAW.

MACDONALD (2015b) Anne MacDonald. *In Clear Words: The Prasannapadā, Chapter One, Vol. II, Annotated Translation, Tibetan Text.* Vienna: VÖAW.

MATSUDA (2018) Kazunobu Matsuda. A short note on the compound Abhūtaparikalpa in the Bodhisattvapiṭakasūtra. *Reading Slowly: A Festschrift for Jens E. Braarvig*, ed. by L. Edzard, J.W. Borgland and U.

Hüsken. Wiesbaden: Harrassowits Verlag. 333–339.

MATSUOKA (2019) Hiroko Matsuoka. *Introducing Introduction: A study, a critical edition & an annotated translation of Kamalaśīla's Tattvasaṅgrahapañjikā on the initial statement (Ādivākya) of Śāntarakṣita's Tattvasaṅgraha*. PhD. dissertation submitted to the Leipzig University.

MCCLINTOCK (2010) Sara McClintock. *Omniscience and the Rhetoric of Reason*. Massachusetts: Wisdom Publications.

MIMAKI (1982) Katsumi Mimaki. *Blo gsal grub mtha': Chapitres IX (Vaibhāṣika) et XI (Yogācāra) édités et chapitre XII (Mādhyamika) édité et traduit*. Kyoto: Zinbun Kagaku Kenkyūsho.

SAITO (1984) Akira Saito. *A Study of The Buddhapālita-Mūlamadhaymaka-vṛtti*. PhD. dissertation submitted to the Australian National University.

SAITO (2019) Akira Saito. *Prapañca in the Mūlamadhyamakārikā*. *Bulletin of the International Institute for Buddhist Studies 2*: 1–9.

SCHERRER-SCHAUB（1991） Cristina Anna Scherrer-Schaub. *Yuktiṣaṣṭikāvṛtti: Commentaire à la soixantaine sur le raisonnement ou Du vrai enseignement de la causalité par le Maître indien Candrakīrti.* Bruxelles: Institut Berge des Hautes Études Chinoises.

SCHIEFNER（1869） Anton Schiefner. *Tāranātha's Geschichte des Buddhismus in India aus dem tibetischen Übersetzt.* St.Petersburg: Buchdruckerei der Kaiserlichen Akademie der Wissenschaften.

SCHOENING（1995） Jeffrey D. Schoeing. *The Śālistamba Sūtra and its Indian Commentaries.* Two volumes. Vienna: ATBS.

SEYFORT RUEGG（1981） David Seyfort Ruegg. *The Literature of the Madhyamaka School of Philosophy in India.* Wiesbaden: O. Harrassowitz.

YE（2011） Ye Shaoyong（葉少勇）. 中論頌：梵蔵漢合校・導読・訳注 (*Mūlamadhyamakakāriā: New Edition of the Sanskrit, Tibetan, Chinese Versions, with the Commentary and a Modern Chinese Translation*). Shanghai: 中西書局 (Zhongxi Book Company).

YE (2017) Ye Shaoyong. To establish the middle position on one truth or two truths?: A survey based on the *Mūlamadhyamakakārikā* and its commentaries. *International Journal of Buddhist Thought & Culture* 27-2: 149-180.

YOKOYAMA (2021) Takeshi Yokoyama. Sūtra citations in the *Madhyamaka-pañcaskandhaprakaraṇa*. 印度学仏教学研究 69-3: 1093-1098.

著者紹介

計良龍成（けいら りゅうせい 本名：隆世）

1963年生まれ。東京大学大学院人文科学研究科博士課程単位取得退学。スイス・ローザンヌ大学博士課程学位取得修了。文学博士（D.Litt）。現在、法政大学教授。著書に“Jñānagarbha: Two Truths Theory, Gradualism, and Mādhyamika Philosophy”（William Edelglass, Pierre-Julien Harter and Sara McClintock eds., The Routledge Handbook of Indian Buddhist Philosophy. London and New York: Routledge, 2022）、「カマラシーラの中観思想」（高崎直道監修、桂紹隆・斎藤明・下田正弘・末木文美士編『シリーズ大乗仏教 6 空と中観』春秋社、2012年）、“Mādhyamika and Epistemology: A Study of Kamalaśīa's Method for Proving the Voidness of All Dharmas”（Vienna: Arbeitskreis für Tibetische und Buddhistische Studien Universtät Wien, 2004）ほかがある。

シリーズ思想としてのインド仏教
中道を生きる　中観

2023年5月20日　第1刷発行

著　者＝計良龍成
発行者＝小林公二
発行所＝株式会社 春秋社
〒101-0021　東京都千代田区外神田2-18-6
電話（03）3255-9611（営業）（03）3255-9614（編集）
振替　00180-6-24861
https://www.shunjusha.co.jp/
印　刷＝萩原印刷株式会社
装　幀＝伊藤滋章

ISBN 978-4-393-13444-3　定価はカバーに表示してあります